“幼儿园教师分层分类分岗专业成长”系列培训教材

北京高校继续教育学前教育特色专业系列教材

幼儿园后勤管理指南

YOU'ERYUAN HOUQIN GUANLI ZHINAN

主　编　于　静　张海燕

副主编　李　莉　孔震英

首都师范大学出版社
CAPITAL NORMAL UNIVERSITY PRESS

图书在版编目(CIP)数据

幼儿园后勤管理指南 / 于静，张海燕主编 .—北京：首都师范大学出版社，2023.2

“幼儿园教师分层分类分岗专业成长”系列培训教材

ISBN 978-7-5656-7036-7

Ⅰ.①幼… Ⅱ.①于… ②张… Ⅲ.①中小学—学校管理—后勤管理—中国—岗位培训—教材 Ⅳ.①G637.4

中国版本图书馆 CIP 数据核字(2022)第 098125 号

“幼儿园教师分层分类分岗专业成长”系列培训教材

YOU’ERYUAN HOUQIN GUANLI ZHINAN

幼儿园后勤管理指南

主　编　于　静　张海燕

副主编　李　莉　孔震英

项目统筹　李佳艺

责任编辑　李佳艺

首都师范大学出版社出版发行

地　址　北京西三环北路 105 号

邮　编　100048

电　话　68418523(总编室)　68982468(发行部)

网　址　http://cnupn.cnu.edu.cn

印　刷　北京印刷集团有限责任公司

经　销　全国新华书店

版　次　2023 年 2 月第 1 版

印　次　2023 年 2 月第 1 次印刷

开　本　710mm×1000mm　1/16

印　张　14.5

字　数　228 千

定　价　46.00 元

版权所有　违者必究

如有质量问题　请与出版社联系退换

"幼儿园教师分层分类分岗专业成长"系列培训教材

编委会

丛书主编

王建平　余珍有

丛书副主编

陈可昉　夏　婧

专家委员会

（按姓氏笔画排序）

于渊莘　马　虹　王　岚　王学军　王建平　曲方炳
朱继文　刘　莉　刘金玉　李凤莲　李建丽　余珍有
谷长伟　邹　平　张爱军　陈可昉　林广成　夏　婧
高宏钰　黄　爽

编委会

（按姓氏笔画排序）

于　静　于渊莘　马　虹　王　岚　王建平　孔震英
成　勇　曲方炳　刘　莉　刘乐琼　许美琳　李　洋
李　莉　李　峰　李凤莲　杨丽欣　余珍有　谷长伟
邹　平　张爱军　张海燕　陈可昉　罗建新　夏　婧
高宏钰　黄　培　黄　爽　曹雪梅

本册主编

于　静　张海燕

本册副主编

李　莉　孔震英

总　　序

百年育人，立于幼学

幼儿时期是人一生的奠基时期。幼儿教育在人的终身学习和发展过程中是最初的一环，也是十分重要的一环。近些年，党和政府十分重视幼儿教育，不仅下大力气扩大幼儿园学位资源，还采取诸多措施提升幼儿教育的质量。而谈到教育质量，就必须认识到，在影响幼儿教育质量的诸多因素中，教师的素质是至关重要的核心。“教育大计，教师为本”，必须把幼儿教师队伍整体素质的提升放在事关幼教事业发展水平的高度来看待。

幼儿教师是一项塑造生命、塑造心灵的职业，在儿童的启蒙时期，教师对他们的影响会持续终生。幼儿教师能不能用爱心、善心对待每个孩子，直接影响到儿童人格的养成、身心的健康。

同时，与其他学段的教师一样，幼儿园教师也是一个专业性的职业。它不再是从前人们印象中的“阿姨”“保姆”。每一位幼儿园教师也必须认识到这一点，只有具备专业性，才是不可替代的，才能赢得家长和社会的认可和尊重。一个专业的老师，需要具备热爱教育、愿意终生投身于教育事业的理想信念，还要具有不断反思、实践，持续学习提高的意识和能力。

近日，党中央、国务院发布了《关于学前教育深化改革规范发展的若干意见》，标志着我国学前教育的改革进入了新的阶段。学前教育事业的发展又迎来了新的春天。在这样的新形势下，首都师范大学学前教育研究中心组织撰写、出版本套丛书，有着非凡的意义。

本套丛书针对不同专业发展层次和不同岗位教师，认真分析了他们的学习需求，采取“分层分类分岗”的原则，为其提供了很有针对性和导向性的学习养料。

衷心希望本套丛书的出版，能为全国幼儿教师的不断学习提供新的助力，也衷心希望我国学前教育事业能够在新的历史阶段不断取得更辉煌的成就！

是以为序。

中国著名教育家
中国教育学会原会长

丛书前言

2018年中共中央、国务院下发的《关于学前教育深化改革规范发展的若干意见》中以“坚持规范管理”为基本原则，提出“到2035年形成完善的学前教育管理体制、办园体制和政策保障体系”。同年，《中共中央国务院关于全面深化新时代教师队伍建设改革的意见》也将“教师管理体制机制科学高效，实现教师队伍治理体系和治理能力现代化”作为2035年所要实现的重要目标任务。由此，为幼儿园管理明确了新发展理念，指出了提高管理效能的新要求。

本套丛书基于新时代治理理念，从幼儿园园长工作管理、幼儿园班级管理、幼儿园健康管理、幼儿园教育教学管理、幼儿园后勤管理五个领域出发，提出了幼儿园管理模式优化策略，并构建新时代学前教育发展要求的幼儿园管理模式。

《幼儿园教育指导纲要(试行)》中明确指出：“幼儿园必须把保护幼儿的生命和促进幼儿的健康放在工作的首位。”这一要求确定了健康管理在幼儿园管理工作中的重要地位。幼儿园健康管理是实现保护幼儿生命安全与促进健康发展的重要途径。本套丛书将在幼儿园疾病管理、健康检查与预防接种管理、膳食营养与体质健康管理、健康教育等方面展开论述，以此来更好地规范幼儿园的卫生保健工作，提升幼儿园健康管理工作的质量和水平。

园长是幼儿园管理工作的决策者与领导者，对于实施与改善幼儿园管理工作意义重大。2022年1月26日中共中央办公厅印发的《关于建立中小学校党组织领导的校长负责制的意见(试行)》明确指出，校长在学校党组织领导下，依法依规行使职权，按照学校党组织有关决议，全面负责学校的教育教学和行政管理等工作。园长的决策将会影响园所的工作内容与发展方向，因此，有必要对园长工作加以管理与规范。

班级是幼儿园组织活动的基本单位。有效的班级管理有助于营造良好的班级氛围，能给幼儿提供有利于成长的环境，确保班级活动规范有序地组织，发挥资源整合的功能，实现协同育人。

教育教学工作是幼儿园工作的核心。幼儿园教育教学管理是对幼儿园的所有教育教学工作，包括保教制度的制定与实施、家园合作、教研、科研等，进行系统、科学的指导与管理，它的顺利开展对于幼儿、教师、幼儿园本身以及社会都具有重要意义。

后勤工作是幼儿园教育的重要组成部分，后勤人员的言行举止对保证幼儿园的和谐稳定以及对幼儿的身心健康成长产生重要的影响。因此，安全管理、环境管理、卫生保健管理、膳食管理、信息化管理等工作的规范而有序是后勤管理的重要目标要求。

因此，我们希望通过编写本套管理丛书能够达成构建扁平化的幼儿园管理模式、实现管理理念的变革、实现教师自我管理、建立“家园共育”新模式的发展目标，为幼儿园的管理实践提出一种适宜性的发展图式。

王建平

2021 年 12 月 8 日

目　录

第一章　幼儿园后勤管理概述

——不仅是居于后台的辅助

【本章要点】

- 了解后勤管理的特点；
- 感受后勤工作的重要价值，树立职业自信；
- 立足后勤管理工作内容，实施“医、养、教”一体化的统筹性建构；
- 结合当前国家教育政策法规，以问题反思为路径重新审视后勤工作。

【本章关键词】

后勤管理；内容；措施

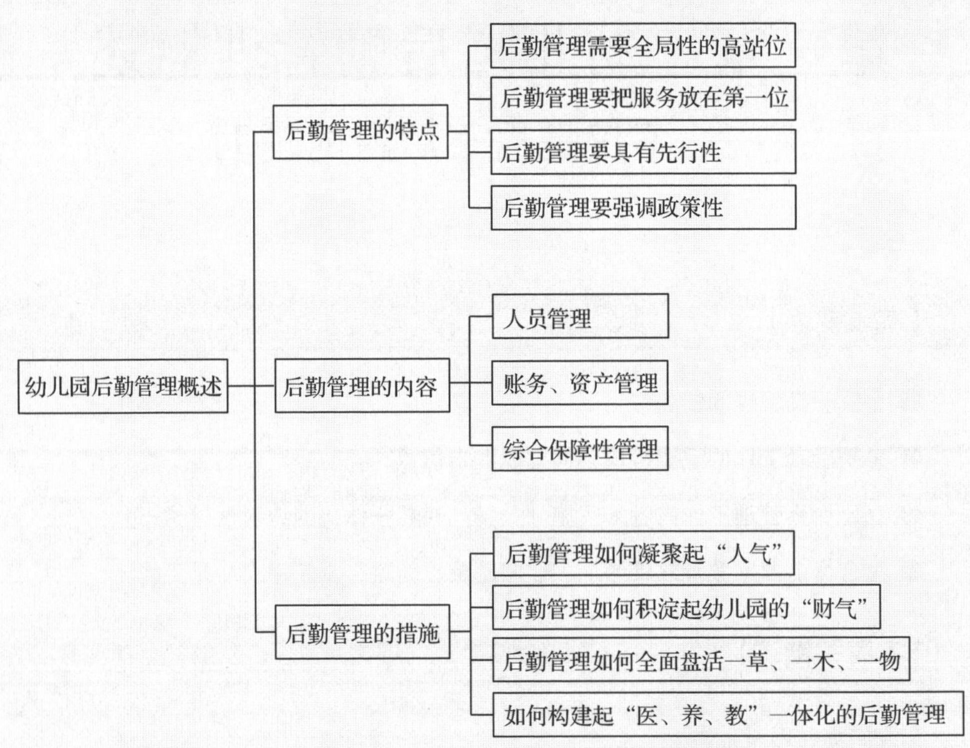
幼儿园后勤管理概述
后勤管理的特点
后勤管理需要全局性的高站位
后勤管理要把服务放在第一位
后勤管理要具有先行性
后勤管理要强调政策性
后勤管理的内容
人员管理
账务、资产管理
综合保障性管理
后勤管理的措施
后勤管理如何凝聚起“人气”
后勤管理如何积淀起幼儿园的“财气”
后勤管理如何全面盘活一草、一木、一物
如何构建起“医、养、教”一体化的后勤管理

随着我国学前教育的蓬勃发展，社会各界对普惠性、高质量的幼儿园需求日趋强烈。其中幼儿园管理工作作为规范办园、高质量发展的支柱性保障，地位尤其重要。一所高质量的幼儿园至少需要具备以下三个基本条件：一是拥有道德高尚、专业素养高的干部、教职工队伍；二是拥有先进的教育理念和课程架构；三是幼儿园的管理体系具有与时俱进的管理理念和管理方法。因而，从发展的视角而言，幼儿园的后勤管理工作顺应时代的变革，也面临着由基础性、辅助性的物质保障、人员保障管理角色向具有绿色生态特点的融合式、浸润式“医、养、教”一体化管理格局转变，担负着为幼儿园质量提升筑基，为幼儿全面健康成长护航的职责。

第一节　后勤管理的特点

一、后勤管理需要全局性的高站位

“为谁培养人，培养什么样的人，怎样培养人?”这是2019年习近平总书记在北京大学师生座谈会上提出的教育命题。那么，在幼儿园的后勤管理工作中又该如何诠释并践行好这个命题呢？科学合理的膳食、安全的生活环境、寓教于乐的园所环境创设等都与儿童的健康成长息息相关。可以说后勤工作范围内的“人、事、物”关系到幼儿园每个成员，是涉及面最广的一项全局性工作。在幼儿园工作的整体规划下，需要后勤工作人员在全面了解各部门各类人员的工作安排及其需求的基础上，妥善处理好部门工作与幼儿园主体工作之间的关系，全面协调，保证各项工作的顺利进行。值此学前教育管理蓬勃发展时期，也带来后勤工作重心的变革，需要后勤工作逐步发展为“居于后台能助力，走向前台能唱戏”。要适应社会发展的需要，后勤工作必须综合地整体性地考虑以实现管理的全局化。这就要求后勤工作人员具有较强的全局观念，多深入实际，了解教学、卫生保健等各方面的需要，发挥先行与协同作用。

1. 卫生保健工作的全局观

保健医作为幼儿园卫生保健工作的规划者、实践者，在幼儿园的“医、养、教”一体化工作中发挥着桥梁作用。就“医”而言，每日的晨午晚检和每学期的大查体等工作，为儿童的健康发展发挥着保驾护航的作用；就“养”而言，保教人员的一日工作规范、儿童的一日生活常规中均蕴含着以卫生保健为科学保障的好习惯养成策略；就“教”而言，健康的体魄、文明卫生的生活方式离不开保健医的介入指导与评价。

【案例 1-1】

大查体只是查查就得了吗

——举重若轻的大查体数据分析与应用

在每学期的在园幼儿大查体工作中，保健医协同班级保教人员会对孩子们的身高、体重、视力、内科、氟保护、牙齿、血色素、听力等项目逐一进行检查，并将检查结果存入幼儿成长档案。在后勤工作的总结会上，总务主任的追问引发大家全局性的思考：“大查体数据带给大家哪些思考?”“我们如何利用这些数据来盘活医、养、教工作?”就此，大家意识到后勤岗位所做的每一项工作并不是完全独立的，需要有着眼于全局的岗位工作架构。在后续的实践中，保健医将大查体结果作为下一阶段工作的新起点，尝试以大查体工作为核心，协同保教人员逐步盘活幼儿体质发展评价、幼儿生活养成教育、幼儿体能锻炼、体弱儿及肥胖儿个案培养等一系列融保健支持、课程养育、家园共育为一体的全局性管理架构体系。在这个体系中，保健医不是幕后的服务者，他发挥着承载儿童健康发展的中轴性整合引领作用。

（来源：北京市昌平区教师进修学校　李莉
北京市昌平区流村镇中心幼儿园　王爱丽）

2. 食堂工作的全局观

科学的膳食与幼儿的健康成长息息相关。健康是本，膳食是根。幼儿园膳食管理看似常态，实则需要科学的流程、精细的管理以及多方的密切配合。从食材选择、烹饪方法到对应体弱儿、肥胖儿以及不同年龄段幼儿牙齿发育特点的适切支持均需要以全局观的视角来具体实施。例如，结合低龄儿童门牙切割能力稍弱的特点，烹饪的菜肴要切小段；大班换牙期儿童，午点水果要切块后食用；等等。因此，具有全局观念的幼儿食堂会在每日统计幼儿人数的登记板块上增设“需要关注幼儿情况统计”项目，使食堂工作不囿于厨房工作及采买，而是把以幼儿健康发展为本精细化地落实到方方面面。

3. 安全保卫的全局观

幼儿园作为儿童集体生活的场所，安全工作直接关系着幼儿的安危、家庭的幸福、社会的稳定。幼儿园的安全管理水平、教职工组织活动中的安全意识和能力、幼儿的安全自护教育等，只要任何一个环节出现问题，都会给幼儿及家庭造成无法弥补的伤痛。因此，作为幼儿园安全工作的守护者，安保人员不仅责任重大，且工作重心应该是全方位的。因此，幼儿园的安全工作需要形成一套系统的管理工程。安全管理工作并不是幼儿园单方面地加强管理力度，同时需要教育部门、社会、媒体、家长以及公安司法部门的共同努力与大力支持，这样才能使幼儿园的安全防范能力进一步提高。因此，在现今的幼儿园管理中要改变以往单一的模式，积极发动与家长或社区的合作，从而促进联动管理。

4. 财务资产管理的全局观

古人云，“财是庶政之母”。没有必要的“财”，幼儿园的生存与发展将成为一句空话。同样，这个道理也说明了资产管理的重要性。幼儿园的资金统筹、资产管理涉及幼儿园的各个部门、班级和每一个人，大到合理使用经费、固定资产管理，小到办公用品的采买、领取、使用等，这些均离不开财务与资产管理。这就需要我们全盘考虑整个幼儿园的财务、资产，优化资金支出结构。通过预算、收支、财务报表分析、资产统筹促进幼儿园部门间、前后勤之间的相互联系，从而提高幼儿园整体的管理效率和经济效益。

幼儿园的财务管理还是一项政策性、原则性很强的繁杂工作。需要本着“实事求是、量力而行、保证重点、统筹兼顾、综合平衡”的原则，严格执行国家的财务管理制度，规范合理使用资金，该花的钱绝不吝啬，不该花的一分都不能乱用，保证开支合理用实每一分钱，保证教育教学工作的需要和幼儿园的正常运转。

二、后勤管理要把服务放在第一位

有人说，“后勤人就是在后面勤快着的人”。因此，“为谁勤快？如何勤快？勤快中怎样做好服务？”的内省性思考是后勤管理的根本出发点。实际上，办人民满意的幼儿园既是全体幼教人的永恒追求，也是后勤工作的服务宗旨。树立服务意识，提高工作的主动性，肩负起服务育人、环境育人和管理育人的重任，是后勤人员应具备的基本能力。幼儿园要创设良好的育人环境，要充实和改善保教设备，要提供人、财、物的支持，要促进幼儿保教活动的顺利开展等，都必须有后勤大量琐碎、复杂的支持、配合、努力才能完成。加强后勤队伍建设，打造一支思想进步、技术过硬的队伍是完成后勤服务工作的必要保证。

后勤服务具有保障性服务、融入性服务两大特点。其中安全检查、设备设施管理、资金投入等刚性内容属于保障性服务范畴，餐饮食育、安全教育、环境育人等软实力提升的内容则属于融入性服务范畴。例如，在财产管理中，要着眼于用，着眼于服务，使物尽其用；卫生保健中蕴含的食育文化、营养量配比、健康查体，是让服务立足于幼儿身体健康发展的服务切入点；安保人员要充分发挥为教学服务的功能，为师生生活服务的作用。

【案例 1-2】

“剥豌豆”引发的台前台后的有机互动

后勤职工经常挂在嘴边的话就是：“有啥需要服务的，您说话。”暖心的话语感动着师生们。班级中的水龙头滴水了，维修组的师傅们三两下就修好了；守在门卫岗的安保人员面对没有带接送卡的家长耐心地讲解、沟通，做记录；保健医晨检时的三色健康记录牌开启孩子们一天的健康呵护观察篇章。一群平凡的人，台前台后服务着、忙碌着。

学期末的工作总结会上，中二班的王老师在谈到自己在市级竞赛中取得的好成绩时，郑重地向食堂的厨师们鞠躬，感谢他们赋予班级教学亮点。原来是上一年王老师曾经向厨房订了一些豌豆，计划开展一个与“剥豌豆”相关的劳动课程。当孩子们把劳动成果送到食堂时无意的一句话引起了厨师师傅们的关注。“叔叔，我们帮你们把豌豆剥好了，我们是不是很棒呀!”孩子们口中的“帮”字，带给食堂师傅们对服务内涵的思考：孩子们的劳动落脚点是为了象征性的“帮”吗？后勤服务仅是要什么给什么的“被动性”服务吗？由此，诞生了从后台到前台的有机互动。食堂工作人员、保健医参与到教学班的食育文化研究之中，让后勤服务工作走向创新发展。食材制作在以往注重营养量搭配、色香味的基础上进一步延展到厨房制作与教育教学相结合的“订单式采购与制作”。例如，精心制作的几何图形的饼干可以转化为小班数学经验生活化的复习巩固；委托食堂工作人员买豌豆转化为主题背景下的种养殖成果，从“摘豆角”“数豌豆”，到“猜猜豌豆荚里会有几颗豌豆粒，最多的几颗？最少的几颗?”等分类、比较、统计、个性化的记录方式都在生活化的场景中自然而然地生发出来。王老师的劳动课程在后勤工作人员的大力支持下应运而生。

由此，后勤职工认识到如果把服务定位于被动的执行，只能称之为“让我干”；如果发挥自身的主观能动性，把智慧、思想带入服务过程中，才是“工匠精神”的践行。

（来源：北京市昌平区教师进修学校　李莉
北京市昌平区南口镇中心幼儿园　曹杨）

三、后勤管理要具有先行性

俗话说，“兵马未动，粮草先行”。后勤工作是幼儿园其他工作的物质保证，所以必须走在前面。因为物质是基础，需要先行。幼儿园不仅在建设初期，如建园、招生、编班、开园等，需要后勤工作先行一步，建园后的日常工作同样离不开后勤工作先行。一般来说，幼儿园保教工作具有阶段性，每学期前后勤部门都应该做好物质方面的准备，如准备教学用品、修缮桌椅、检查电器安全与运转情况、准备膳食工作等。园所的一些季节性工作，如防暑、防寒等，也要求后勤部门走在前面。另外一些不定期的临时性工作，如观摩参观节日活动、自然环境突变等，也要求后勤工作及时处理好。后勤工作的先行性与服务性密不可分，如果失去了先行性，那么幼儿园其他工作就难以开展，教育质量和工作效益就不可能提高，因而也就谈不上服务性了。

【案例 1-3】

从空调事件看后勤维修的先行保障

每年全面供暖之前，都是北方室内感觉最冷的时候。有一天恰恰赶上大风降温，保育员为幼儿的身体健康着想，在午睡前打开空调准备预热一下。半小时后孩子们脱衣服的时候，房间依旧很冷，几名幼儿当天就感冒了。经了解是空调出了故障不能制暖。对此，大家众说纷纭。有人说，“唉，没办法，都是异常天气惹的祸”；还有人说，“要是空调提前检修，孩子们就不会感冒”。对此，维修组的师傅们主动将责任揽到自己身上，认识到空调检查维修不能只关注夏季制冷也要关注到冬季制暖。如果能够处处有先行意识，提前做好准备，此次事件就不会发生了。一个小故事以小见大，帮助后勤职工树立起了先行观。

（来源：北京市昌平区教师进修学校　李莉
北京市昌平区南口镇中心幼儿园　曹杨）

四、后勤管理要强调政策性

后勤管理工作接触面广，需要同许多部门打交道，这就需要了解各个相关方面的政策，如经费、财务、基建、工商、职工福利待遇、安全政策法规等，又如招生、编班、收费等，也涉及国家有关教育的政策法规。一方面，后勤管理工作要保证为幼儿家长提供优质的服务，并千方百计地为教职工的工作和生活创造较好的条件，同时又必须严格执行国家有关政策制度。例如，结合对平安校园政策、卫生保健政策、财务政策的解读，来着眼如何守住保安全、保基础的底线，开展富有传承性、创新性的，富有绿色、安全、规范特点的后勤工作。

【案例 1-4】

幼儿园放音乐扰民的问题该怎么破？

一天，某幼儿园收到了一封教委转发的 12345 市民热线投诉信件，信件上反映该幼儿园使用喇叭播放的音乐声音太大，打扰市民休息。市民表示平时幼儿园每天早上、下午都会播放音乐，上午 10 点还会持续播放一个钟头的音乐。“五一”小长假，幼儿园都没人了，音乐还是照常播放，家里的老人和小孩经常被吵得休息不好。希望该幼儿园能妥善解决这个问题。

幼儿园播放晨间和离园音乐是为了营造轻松、愉悦的氛围，让幼儿在音乐艺术的熏陶中爱上幼儿园。户外活动播放音乐更是必不可少，老师们要在音乐的伴奏下带领孩子们做操，锻炼身体，帮助孩子们养成爱运动的好习惯。

面对周边居民的投诉，后勤主任左右为难。继续播放音乐吧，怕影响周边居民休息。不放音乐吧，孩子们的身心健康发展确实有需要。到底应该怎么办才能让双方都满意呢？其实，这个问题并不是这一所幼儿园后勤管理需要面对的问题，很多幼儿园都遇到过类似的情况。为了满足百姓入园难的需求，各地纷纷新建了一大批幼儿园。这些幼儿园大多建在小区密集、人口集中的地区，特别是一些新建小区，配建的幼儿园就建在居民区之中。有些幼儿园的围栏与居民楼一层住户的室外墙只有 1～2 米远，间隔距离确实比较近，方便孩子就近入园的同时，也随之出现了幼儿园播放音乐扰民的问题。那么应该怎样破解这道难题呢？可以从以下几个方面进行尝试。

一、换位思考，工作前移

设身处地站在居民的角度去思考，每天都要听到幼儿园不同时段播放的音乐，特别是春、夏、秋三季经常需要开窗通风换气，音乐声音的干扰会更大。如果是老人、小孩长期居家，需要相对安静的环境，播放音乐声音过大的确会对居民生活造成干扰。作为幼儿园的后勤主管，面对居民的投诉首先应该换位思考，给予真诚的理解和接纳。在幼儿园规划户外场地布局，安装相关设施设备时，要把这些可能出现的问题想在前，做在前。能不造成干扰的，绝不造成干扰；能把干扰降到最低的，就要想办法降到最低。例如，幼儿园外置音箱的安装位置和方向、幼儿园厨房的位置和烟道方向等，都要尽量选择远离居民楼的地方。在距离居民楼比较近的场地上，不要放置中大型户外玩具器械或设置动物饲养区，避免户外活动时孩子自由欢快的嬉戏声和动物的气味影响周边居民。幼儿园可以将绿化带、种植园等设置在这里，能有效地美化环境，使双方都受益。提前科学地谋划工作，能有效地避免这些问题。

二、强化政策管理，提升后勤精细化

“民有所呼，我有所应。”幼儿园什么时间播放音乐？播放什么音乐？音量多大合适？节假日怎么办？这些看似不起眼的问题，都体现一所幼儿园的后勤管理水平。这些与班级保教工作相关的问题，可以多征求一线教师的建议，或是蹲下身来，听听孩子的声音，有些问题就能迎刃而解。后勤工作内容繁杂，但也要做到不因事小而不为，不因事多而乱为，每件事情都要落细落小，在细节之处彰显工作品质。关于音乐播放声音的大小，可以走到老师和孩子中间，走到园外居民楼中耐心询问大家的意见，找到中间的平衡点；也可以建立相关工作制度，指定专人负责管理，保证寒暑假期、法定节假日、临时休息日等时间设置为停止播放，避免出现无意义播放，影响幼儿园整体形象。

三、主动出击，建立利益共同体

幼儿园建在社区之中，也是社区的一部分。幼儿园的后勤管理者要善于抓住契机，主动与社区沟通合作，建立起互惠互利、和谐共生、合作共赢的关系，形成利益共同体。日常工作中，可以利用开放日、节日庆典活动等机会，主动邀请社区工作人员和周边居民代表走进幼儿园，了解幼儿园的工作性质和工作内容，畅通沟通渠道，增进双方的信任和了解。通过社区宣传栏、工作群或公众号传播幼儿园的教育理念和一些精彩活动的信息报道，让社区更多的居民了解幼儿园，争取更多的理解与支持。

此外，还可以发挥自身优势，主动走进社区，开展早教宣传，组织亲子游戏，配合社区开展教育类活动等，与周边居民建立起积极的情感联结。当出现音乐打扰居民休息的情况时，居民们自然也能站在幼儿园的角度考虑问题，给予更多的理解和包容，通过更适宜的途径解决问题。遇到不好沟通的情况时，也能邀请社区工作人员从中进行协调，帮助幼儿园化解矛盾，真正成为幼儿园的合作伙伴。

（来源：北京市门头沟区教育研修学院　冯艳飞）

第二节　后勤管理的内容

后勤管理作为幼儿园机构管理的重要组成部分，其工作涉及面广、内容丰富，即所谓“麻雀虽小，五脏俱全”。按系统论的观点，幼儿园后勤管理工作需要整体考虑、整体规划。同时，这个整体又是由各部分组成的。由于幼儿园的办园主体、隶属的管理部门和办园规模的不同，因而在机构设置、管理层级、职能部门划分、人员配置等方面，各个幼儿园也不尽相同，通常可分为人员、财务资产、综合保障三大类，包含保健室、厨房、库房、门卫、维修组、会计室等若干工作部门。

后勤管理的具体组织机构层级划分如图 1-1 所示。

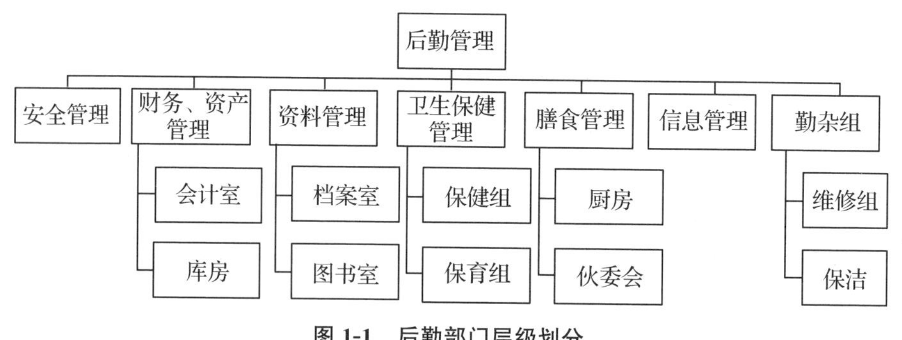

图 1-1　后勤部门层级划分

一、人员管理

(一)明确人员职责

“人”是后勤管理系统的第一要素。管理对象包括安保人员、财务资产管理人员、资料管理人员、卫生保健人员、信息管理人员、膳食管理与制作人员、勤杂服务人员等群体，基本可以细化为七类岗位。因为岗位不同，所以后勤人员的管理职责也需要因人制宜，不同设计，具体见图 1-2。

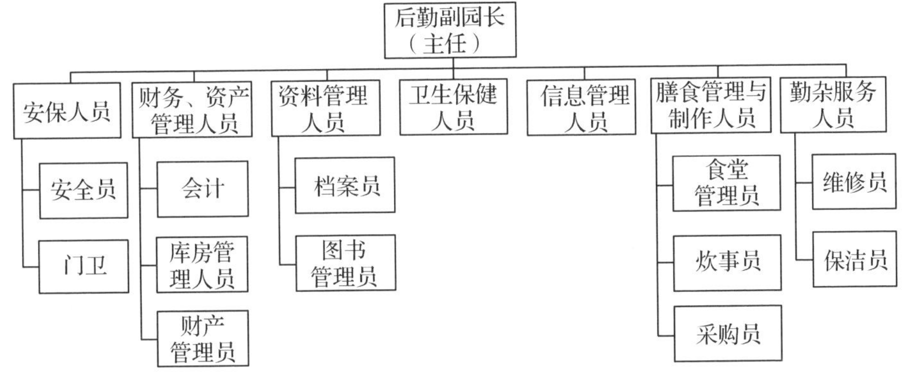

图 1-2　后勤人员岗位分布图

1. 后勤副园长(主任)职责

后勤副园长负责管理后勤工作，以抓好后勤队伍建设为切入点，组织后勤职工将安全放在首位，全面统筹后勤的人、财、物、事，为园务工作、保教工作、家园社区工作提供强有力的支持。

2. 安保人员职责

“安全无小事”，幼儿园安全管理工作历来是幼儿园全面管理的重中之重，肩负着安全建设、安全检查、安全维护等重任。工作内容围绕人防、技防、物防，涉及安全工作常规管理、教职工日常安全教育、安全制度管理及预案管理、安全联络等内容。

3. 财务、资产管理人员职责

会计、出纳作为财务人员承担着收支核算、预算、决算工作；财产管理员承担着固定资产、低值易耗品等有形资产管理任务。需要建立内控制度及审计机制，做到独立核算、账实相符、账账相符，方法科学、流程规范、数据准确。

4. 资料管理人员职责

资料员负责对各类图书、玩教具进行收集、整理、借阅登记工作，可通过编码存放、宣传推介等多种手段，提高其利用率。

档案员负责幼儿园各类工作过程性资料的收集、归纳、存档，为幼儿园的发展历史留下可查、可借鉴反思的文献记载。

5. 卫生保健人员职责

卫生保健人员(保健医)是卫生保健制度的执行者，也是各项保健工作的组织者，全面负责幼儿园的卫生保健管理与宣传工作。工作内容涉及建立健全卫生保健制度、科学规划儿童营养膳食，负责幼儿体格检查和预防接种管理、突发疾病和意外伤害处理，对体弱儿、超重儿进行专案管理，指导保育员做好保育护理工作等方面。

6. 信息管理人员职责

在倡导硬件设置智能化、园所管理系统化、家园共育一体化的当下，信息员是推动幼儿园信息化管理的重要岗位。工作内容涉及建设信息技术硬件环境、优化现代化技术管理手段、创设信息技术应用沟通平台、实现网络资源空间共享等新技术手段应用范围。

7. 膳食管理与制作人员职责

膳食管理与制作人员一般由食堂管理员、炊事员、采购员构成，承担着厨房管理、食材采购、食品管理、带量食谱膳食制作等工作。严格执行验收采购、卫生消毒、安全使用设备等膳食管理制度是落实好工作职责的基础与保障；饭菜制作的质量是否符合幼儿年龄特点，富于营养，易于消化，激发幼儿食欲，是体现后勤管理质量的显性窗口。

8. 勤杂服务人员职责

(1)维修员职责

后勤维修工作既包括水、暖、电的基础性养护维修，也包括基于幼儿园安全管理、设备管理等具体需要而进行的维修、维护工作。该岗位的突出特点是巡查与维护相结合，对发现的问题及时处理，为幼儿园工作正常运转发挥保障作用。

(2)保洁员职责

该岗位的主责是维护幼儿园公共环境卫生，是幼儿园清新、整洁环境的建设者、维护者。工作具有定时清洁、随时巡视、不留死角的规范化服务特点。

(二)提高人员素质

要做好后勤工作，必须防止“见物不见人”的倾向，因为任何事物都是由人来完成的。后勤人员素质的提升主要是通过基于实践的责任落实、有的放矢的岗位培训两方面来落实的。其主旨是培养后勤职工做到思想上爱岗敬业，行为上认真勤恳负责，能力上能担当胜任本职工作。可采取“扎下去”岗位练兵、“送出去”培训、“请进来”观摩研讨、鼓励自学等方式，指导后勤职工边干边提高。

(三)提高工作效率

如果说加强后勤队伍培养有利于提高人员素质，那么后勤人员考核评价则是对管理工作过程、状态和效果做出客观分析基础上的提质增效。二者合称为后勤人员管理双路径，即二者缺一不可，两手抓两手都要硬。对应岗位职责开展科学合理、有的放矢的人员管理评价，关系到后勤职工的积极性、主动性和创造性的发挥，关系到后勤职工队伍的发展，关系到办园质量的提升。

后勤工作自评、他评、互评等形式的落脚点均在于为后勤职工的成长奠基、助力。评价立足于选好人、用好人，让人对未来有憧憬，让有憧憬的人能够干好事，才能发挥好每位后勤职工的潜能；评价围绕部门与人员的责、权、利开展工作，才能提高效率，最大限度地减少摩擦和内耗，保障后勤管理工作科学有效运转。

【案例 1-5】

人员管理策略

——“严”处着眼，“暖”化落实

幼儿园后勤工作要坚持贯彻《幼儿园教育指导纲要(试行)》，围绕“安全、规范、精细化”的大基调，坚持为教学服务、为师幼生活服务。后勤工作保障原则为开拓创新，团结拼搏，坚持教育教学领先，树立主人翁意识，发挥后勤各部门的职能。此外，后勤各岗人员的工作水平、思想业务素质以及服务意识有待研究提升。如何通过“严”处着眼，“暖”化落实，使幼儿园后勤工作真正做到服务于教师，服务于幼儿，服务于家长，服务于社会，是值得后勤管理者研究与探索的重要命题。

一、幼儿园后勤工作现状分析

幼儿园后勤工作繁杂、琐碎，但很重要。“兵马未动，粮草先行”足以证明后勤保障的重要性。对应“全心全意为一线服务”的后勤服务理念，我们通过自查，发现存在以下问题。

（一）后勤队伍专业技术水平需整体提升

首先，幼儿园对于后勤人员的学习、进修缺少政策保障支持；其次，后勤人员参加高层次学习的积极性不高；再次，后勤人员对自己的岗位职责缺少精益求精的态度，对岗位技能提升存有“当一天和尚，撞一天钟”的惰性思维；最后，后勤人员缺乏创新性思维与改革创新的探索精神，存在“穿新鞋走老路”的现象。

（二）服务意识不强

幼儿园的后勤工作是一项非常复杂的服务性工作，大到园舍场地的绿化维修，小至锅碗瓢盆，还有幼儿的吃喝拉撒睡等，可真算是千头万绪。幼儿园后勤工作中，后勤人员服务意识不强，只关注本职本岗工作，没有服务意识，尤其在保教配合工作中缺少主动性。

（三）后勤与一线的配合不够足，缺乏有效沟通

幼儿园后勤工作事务繁杂，相比中小学后勤有过之而无不及。例如：优美而整洁的环境的营造和保持，幼儿的保育和活动室的卫生消毒工作，幼儿的保健工作，日常的晨检、消毒，幼儿的饮食等，都是为一线服务的内容。这些工作需要后勤人员的积极努力，方能使得幼儿园成为一盘棋。由于后勤工作更趋于本职本岗，对一线教育教学关注甚微，因此，全心全意为一线服务，满足社会的发展、家长的需求、老师的要求，是后勤工作面临的挑战。

二、“严”处着眼规范管理，逐步建构起全心全意为一线服务的理念

（一）严抓培训，确立责任感

幼儿园通过组织跟班指导、观摩交流、谈体会、知识竞赛等多种形式的培训活动，使后勤人员对自己的工作职责有清晰的认识，逐步提高他们的工作责任感；进而采用“岗位之星”评选的方式，鼓励、鞭策大家牢固树立全心全意为幼儿园质量发展服务的思想，在本职岗位上勇于负责，严守规范，用饱满的工作热情努力工作，才能真正实现优质服务，努力为幼儿园的可持续发展营造一个良好的环境。

（二）严格制度约束，提升职业素养

不断完善与建立健全必要的规章制度离不开现代化的管理手段，这要求幼儿园应拥有一个具有一定文化素质、实践操作能力和分析问题、解决问题能力强的后勤管理团队。各种制度奖惩分明，强化制度的约束力，用新时代职业道德标准要求后勤人员，严格遵守各项制度，全方位提升个人素养。

（三）严检行动落实，体现“勤”字

后勤工作，虽然居于“后”方，但“勤”在“前”台。勤劳与否是检验后勤工作质量的重要评价标准。当月的任务当月完成，今天的工作不能推到明天去做，体现出后勤职工坚持以整体利益为重，顾全大局、服从全局的思想格局。为此，我们在后勤管理工作中将“勤”定位为：勤服务、勤沟通、勤思考、勤改进。“勤服务”是指主动给幼儿、教师、家长提供服务，不怕麻烦；“勤沟通”是指与幼儿园其他各部门进行沟通，及时完善后勤管理体系和工作方式等；“勤思考”是指及时梳理管理中存在的问题，总结经验；“勤改进”是指后勤管理是一门学问，要从学习中完善，从学习中提升。

三、“暖”化落实，构建立德树人、爱岗敬业的精神氛围

生活中，有美有丑，有好有坏，有奖有罚，后勤工作同样也是。紧张繁忙工作、严格管理的同时，为后勤职工送去丝丝暖阳，激发他们为教育教学、后勤保育服务的热情。

（一）工会组织活动，调整放松紧张的工作

为丰富职工的业余生活，缓解其日常工作压力，工会经过讨论决定，开展丰富多彩的工会活动，如长走活动、花样跳绳、手工插花、定向越野、观影活动等，旨在帮员工放松心情，在强身健体的同时激发职工的工作热情，增强大家的凝聚力、战斗力。每次活动，在领略自然风景、愉悦身心的同时，大家也增进了彼此间的感情，活动中充分展现了大家能吃苦、能奋斗、能团结向上的精神风貌，鼓舞大家今后在关键时期积极响应，做好后勤保障。

通过组织全体职工开展各种各样的工会活动，进一步强化了大家“不忘初心，牢记使命”的责任感，处在这个大变革时代，大家必须与时代同步伐。此举使教职工放松了身心，愉悦了心情，回到工作岗位中的热情也更加饱满了。

（二）慰问生病住院职工，给予关心关爱，使其感受家的温暖

一直以来，后勤管理始终坚持以人为本，把职工的冷暖挂在心间，积极开展慰问送温暖活动。想职工之所想，急职工之所急，多方面关心职工生活，为职工办好事办实事、排忧解难，多种措施关心关爱职工队伍，积极开展困难帮扶，慰问生病住院职工。用真心和真情把关爱送到职工身边，把温暖送到职工心底，让职工真切体会到这个大家庭的温暖。

（三）与教师幼儿一起开展活动，增进一线与后勤之间的感情，拉近一线与后勤之间的距离

幼儿园后勤工作以促进幼儿健康成长为核心，努力营造一个适合幼儿健康、快乐成长的良好环境。一线开展的各种活动中，后勤人员积极参与，为一线活动提供各种服务与保障。运动会、庆六一、外出郊游、大型演出、大班毕业典礼等各项活动中，后勤人员积极配合一线教师，照顾幼儿，发放用品，摆放所需物品，并在参与幼儿的活动过程中，明确职责，优质服务，充分体现出全体后勤人员的团结协作。在幼儿园这个温暖的环境中，后勤人员为幼儿营造了一个整洁、明净、美丽的生活和学习环境，为幼儿的安全、健康提供了保障，为教育教学工作的顺利开展提供了方便。幼儿的一句“叔叔阿姨辛苦了，谢谢叔叔阿姨”，暖到后勤服务人员的心里。一次次活动的举办，一次次活动的升华，后勤与一线增进了感情，拉近了距离。

（来源：北京市昌平区马池口镇中心幼儿园　张建平）

二、财务、资产管理

财力和物力资源是幼儿园有效运转的基础，对“财”的管理主要是指对钱财、资金的管理；对“产”的管理主要包括对环境、房舍、玩教具及其他物品的管理。“财”与“产”的管理也是比较烦琐、需要精细化落实的管理工作，物品验收时所购物品、购物申请单、购物发票三者缺一不可。

1. 资金管理

资金管理需要从积极筹措资金、合理分配资金、健全财务制度、加强财务监督四方面入手予以落实。

首先，资金来源具有多渠道的特点，主要有保育教育费、办公经费、规范合理的赞助费等，主要是以前两项费用为主。幼儿园是一项教育事业，通过提高教育质量吸纳资金是筹措资金最主要的渠道。因而后勤管理者和财务人员也需要关注幼儿园保教工作动态，有责任配合园长开通吸纳资金的各种渠道，依法依规有效地筹措资金。

其次，资金使用应本着侧重重点、兼顾一般的原则，将有限的资金合理分配，做到收支平衡，处理好投入与产出、开源与节流、长期目标与近期目标的关系，以确保幼儿园稳步、规范、高速、全面的发展。

再次，要使财务管理有章可循、有据可依、杜绝漏洞、合理支出，必须

建立健全财务制度。如：财务管理制度、会计制度、内控制度及审计机制、收费标准公示制度、膳食费专款专用制度、资产管理制度等。财务制度既要严格，又要合理；既要相对稳定，又要根据实际情况进行必要的调整和修改。

最后，要加强财务监督。加强财产审计监督和财务检查，既要避免不讲经济效益盲目支出，也要杜绝损公肥私、贪占挪用等违法乱纪行为。组织财物，做到物尽其用，开源节流。

2. 环境、物品管理

首先，是对公共环境的建设与管理。环境是幼儿园的门面，环境管理直接影响着幼儿园的形象。需要后勤部门本着清洁、安全、美化、充满童趣的原则做总体规划。尤其是在室外环境上，如何在绿化美化、大型玩具的安全、整齐布局等方面与幼儿园的文化建设、课程建设相契合等，都是需要后勤部门多思考、巧落实的。

其次，是对房屋的管理。一方面，在房屋建设中本着按需匹配的原则配套规划幼儿活动室、睡眠室、卫生间，房屋装修要安全、美观、实用、方便；另一方面对房屋要定期维修、维护。

再次，对玩教具、图书资料的管理。建立库房、部室，要有专人管理，根据需要分类编号，分柜陈设。做到件件有固定位置，摆放整齐有序，存取、查阅方便，并严格执行采购、借还、取用制度。管理人员要多了解、掌握保教工作的实际需要，从而做到想教学之所想、急教学之所急，体现保教、后勤互相支持的一体化联动管理理念。

最后，对生活、办公用品的管理。此项管理涉及的物品很杂，要建立健全相应的采购、供应制度。第一，要遵守“一清二结”的规定，做到日清、周结、月结；第二，要做到手续健全，数额精确不可含糊；第三，物品采购保证质量，公私分明；第四，当好“管家”，本着勤俭节约、精打细算的原则，通过宣传、规约促使全园教职工都形成艰苦奋斗、勤俭办园的行为习惯。

【案例 1-6】

多出的橄榄球

崔老师要代表学校上一节《好玩儿的橄榄球》评优课，这可是大事，每一个人都积极配合。当崔老师提出需要为每个孩子准备一个橄榄球时，新上任的物品管理员立即将库房中找到的 4 个球送到老师手里。崔老师发现数量不足，提出需再购买 30 个橄榄球。为了提供优质服务，管理员按照老师要求递交了加急采购申请。主管领导在审批时提出疑问：从政府采购常识看，这种特殊物品一般按照班级人数批量购置。库房中怎么会只有 4 个橄榄球？于是要求管理员仔细查账后再申购。当管理员再次查找时，果然发现了 36 个崭新的橄榄球。

这个案例告诉我们：当好“管家”，每个工作细节都很重要。看似简单的盘库工作，只有多动脑、细落实才能避免重复购置带来的资金浪费！

（来源：北京市通州区幼儿园　张海燕）

三、综合保障性管理

后勤综合保障性管理包含安全、卫生保健、营养膳食、信息化建设的管理，这些直接影响保教中心任务的完成。同时，还需要协调统筹好各方面关系，才能发挥好综合保障的作用，即：对内处理好后勤保障和保教工作的关系；对外处理好与兄弟单位、家庭、所在社区的关系。

(一)安全管理

本着“安全第一，预防为主”的原则，安全管理工作重在落实“三全”，即：全员管理、全过程监控、全方位展开。以预防、改进为主，发动全员、全部门参加，依靠科学的程序和方法使每日工作全方位、全过程都处于受控状态。内容围绕“人防、物防、技防”，从安全教育、安全制度建设、安全隐患检查与排除、意外事件对策与突发事件预案等方面落实。加强安全教育，提高安全管理意识是做好幼儿园安全工作的前提；健全安全管理制度，是做好幼儿园安全工作的保障；组织教职工、幼儿进行必要的安全演练是做好幼儿园安全工作的有效手段；防患于未然，调动全社会有关方面资源的参与，是做好安全工作的要素。

(二)卫生保健管理

幼儿健康是人类生命质量得以提高的基础。世界卫生组织在 20 世纪 80 年代就提出了“儿童的健康，明天的财富”口号。在幼儿园，一切为保证幼儿身心正常发育和健康成长而实施的措施都被称为卫生保健工作。卫生保健工作的主要任务是贯彻预防为主的工作方针，从健康管理、生活管理、保健教育指导三方面着手，包括预防接种、消毒隔离、环境和个人卫生、身体锻炼、心理健康维护、合理生活规划、营养膳食规划、保健教育指导、健康检查和评估等一系列管理内容。

(三)营养膳食管理

后勤营养膳食管理对幼儿身体的正常发育和健康十分重要。首先，根据幼儿的营养需要，结合不同季节特点、幼儿的年龄特点制定合理的带量食谱。为幼儿提供全面、平衡、适量、合理的膳食，是保证幼儿健康成长的一项重要举措；其次，把好食品购进关，是确保膳食安全的保障；再次，规范加工操作环节，提升膳食制作技术是保证膳食计划得以落实的重要路径；最后，坚持实时监控是促进膳食质量提升的护航手段。

(四)信息化建设管理

幼儿园后勤信息化管理是促进全园各部门之间、家园社区之间实现互利互通的重要手段，这种智能化的管理拉近了人与人之间交流、互动、分享的空间，同时也为教学工作拓宽了符合幼儿直接感知、具体操作学习特点的现代化教育环境，也为实现工作减负发挥着作用。在幼儿园实施信息化技术，就是后勤管理最大限度地服务于现代型教育的落脚点。它在硬件设施智能化、园所管理系统化、家园共育一体化三方面的作用最为凸显。

在幼儿管理中，炊事员和保健医运用营养计算软件设计带量食谱、定量分餐、合理配膳；各班出勤率自动排序，及时发现问题，促进个性化追踪管理；录入体检信息，对幼儿生长发育进行全方位分析评价，完善预防和监测功能。

在教职工管理中，可以通过视频、网站浏览班级、部门实时活动；网站后台的运营分析自动记录教职工的各项常态工作，为评优评先提供依据；信息资料的上传、汇总为园、区、市各级大数据统计分析提供资源共享的一手资料；等等。信息化的工作方式把全园教师员工从繁重的事务中解脱出来，将更多的时间应用到专业提升、质量发展上来。

教育教学工作中，信息化为教育资源的利用开阔了一个广大的空间，师幼以信息技术为手段可以查阅到更多的教育信息，而且这种信息输入方式也与幼儿直接感知、具体操作的学习特点相契合。因此，后勤信息化建设组在幼儿园课程建设中发挥着技术支持与教法创新的保障作用。

【案例 1-7】

轻点鼠标出结果，信息化让职工考评管理化繁为简

在每学年末的幼儿园教职工工作质量考核评价中，如何让付出多、质效好的部门和职工脱颖而出，成为大家学习的典范是园务管理的一项重头戏：投票选举，存在人缘占优势倾向；采用累计积分量化管理，数据统计又很占时间；领导说了算，又难以服众……

为了让绩效考核公正、公平、透明、便捷，信息资料组的小伙子们将科技创新思维应用于此项工作中。他们首先对幼儿园的各岗位工作职责、特点、工作量情况做了全面调研，然后采用高频词搜索的方式找到共性评价要素和个性岗位要素，据此以“得、能、勤、绩”四个板块为基础，结合不同岗位的工作特点，协同保教、后勤管理人员合理细化考评项目，本着重在过程的原则试行工作绩效量化管理。在幼儿园电子办公系统上采用日常填登、阶段汇总与自我管理、民主监督相结合的方式，轻点鼠标出结果，实现了人力资源管理由粗放式向精细化、简洁化的转变。

此举，增强了工作绩效的透明度，让每个人都能够随时了解自己与他人的工作量累计情况，使大家心明眼亮地知道工作伙伴强在哪里，哪里值得自身学习。既提升了相互学习交流的目的性，且于无形之中深入挖掘了教职员工的比、学、赶、帮、超的内在前进动机。同时，也促进了幼儿园管理工作的创新。管理者在对员工进行绩效考评时，不再一味地关注员工某一方面的工作内容，而是更多地全面关注到员工的工作表现和状态。此信息技术手段的巧利用，提高了幼儿园人力资源管理的科学性和有效性。

（来源：北京市昌平区百善镇中心幼儿园　王海云　陈思琪）

第三节　后勤管理的措施

一、后勤管理如何凝聚起“人气”

人是万源之本，管理工作的关键在于领导好每一个人，领导艺术的核心在于激励下属的积极性，调动职工的工作积极性是幼儿园领导的经常性任务。优秀的领导者一定要明白职工的工作积极性从何而来，并且要善于使用各种手段来调动教职工工作的主动性和创造性，这就需要后勤园长对整体后勤工作了如指掌，对每一位职工的个性、脾气、特点心中有数，能针对每一位职工的个性、特点对症下药。

后勤管理涉及的人员、岗位多且杂，如何将各岗位的人心汇聚到一起是做好后勤工作的前提保障。这一方面需要以精神环境创设为切入点，从情感与工作内容上找共性，在后勤队伍中建立“携起手来能做事，责任到人能成事”的良好“人气”氛围，帮助大家减负增效，获得双赢的情感认知；另一方面要以安全、维修、卫生保健、财务等岗位工作的专业性作为切入点，为每一名后勤职工的专业发展搭建展示个性的平台。

【案例 1-8】

摔门而去的维修工

——后勤工作质量评价中的“鼓劲”与“泄劲”

某幼儿园每月都要召开一次后勤工作质量评价会，对一个月的工作进行回顾和总结，并通报工作检查和考核结果。在一次后勤工作月评价中，维修班因为工作间杂乱存在卫生问题和安全隐患而被组长扣分了。当时后勤园长正忙于其他的事情，就没有细问具体原因，后来后勤园长在评价会上通报了检查结果并当众批评了维修工。谁知维修工竟然情绪激动地与后勤园长争执起来，最后还摔门而去。维修工认为后勤园长不了解那天的情况，就武断地批评，他感到很冤枉。而后勤园长则认为把卫生、安全检查结果告诉大家并没有错，维修工没有必要反应这么强烈，有什么不满可以私下和他沟通。

事后，后勤园长了解到维修班长已经批评了维修工，维修工也接受了批评，并表示下次一定把工作做好。没想到后勤园长后来又在大会上点名批评，而这名维修工是一个自尊心极强的人，对点名批评接受不了，认为后勤园长有意与自己过不去。

了解这些情况后，后勤园长亲自找到这名维修工，心平气和地与之沟通了解情况，表明自己没有关注维修工的心态和改进情况，就态度生硬地批评人，方法不当。同时，也从工作安全的角度提出建设性意见。这位维修工一方面告诉后勤园长，那天是因为手头维修工作没做完，因此，为了方便操作工具的取放，就没有及时清理现场；另一方面，也意识到领导的初衷是为了强化安全意识。他说：“我是想把工作做好的，但是后勤园长当着大家的面批评我，我实在受不了。现在后勤园长这么重视这件事，就说明不是有意和我过不去，我今后一定要把安全放在首位。”

这个案例带给我们的启示是：在后勤人员管理过程中难免会有观点不一致而导致意见分歧。如果是领导者主观因素导致的问题，就要勇于承担责任并善于沟通，这既体现了领导者个人的人格魅力，又会达到意想不到的管理效果，更能赢得职工的支持和理解。

（来源：北京市昌平区工业幼儿园　李迎春　何欣）

二、后勤管理如何积淀起幼儿园的“财气”

财力和物力资源是幼儿园开展教育活动和管理活动的物质基础。对于生产部门来说，能否做到低收入、高产出、高回报，快速的经济增长是衡量其经济管理效能高低的主要指标。幼儿园不同于生产部门，不直接生产财富，因此对幼儿园后勤管理来说，应在严格遵守国家财务管理制度的前提下，规范、合理、有效地筹措资金，合理地组织财物，做到物尽其用，开源节流，坚持勤俭办园，少花钱，多办事，办好事，以此来积淀起幼儿园的“财气”，利于幼儿园保教工作的开展。

三、后勤管理如何全面盘活一草、一木、一物

幼儿园的一草、一木、一物皆是幼儿园文化建设的重要组成部分，其中蕴含着人文、地理、社会发展等多维内容。可以说，幼儿园大环境创设管理中的“教育功能”“提醒功能”“派生功能”都需要后勤管理予以关注和利用。如果说“有准备”的环境是班级教师在科学育儿中课程的生长点，那么“有准备”的环境对于后勤管理工作而言则是坚实的立足点。值此国家大力倡导体制改革的今天，全面盘活幼儿园的一草、一木、一物亦是后勤管理的创新点。如何挖掘后勤物质保障中蕴含的“教育目标”成就，走进幼儿园即能看到鲜活的校园文化，如何成为教师好帮手，在幼儿园物质资源利用中实现减负增效等内容，都有待我们深挖掘、巧利用。

【案例 1-9】

资产盘活，让“破桌子”重现价值

幼儿园里报废了一批破旧桌子，这些桌子属于固定资产，但是因为报废

需走流程，还要在幼儿园里堆放一阵子，幼儿园里没有足够的空间放这些“破桌子”，只能暂时放到树林下的草丛中堆放在一起，用雨布遮盖好。然而，遇到刮风下雨，这里堆放的破桌子却成了危险物，而且存放的方式影响整体校园环境的美观，失去了它们应有的价值。

每次走到这里，心里总有一种说不出的滋味，总在想后勤的教育服务、后勤的服务空间以及后勤的服务价值到底在哪里？难道那些破桌子就这样“闲下来”了吗？如果从管理角度来看，有些事物和东西变换一下它存在的形式，就会有新的突破，就会收获不一样的教育。总谈“前后勤一体化的大教育观”，大的教育观，人人是教育者，人人是教育的创造者。这些空洞的口号就这样一直喊下去，而没有“做”出来的影子，我们的后勤为教育发展服务，在服务中成长也真的是前后两张皮。为此，在利用破桌子发挥教育功能上，管理中我们采取三步策略，让“破桌子”重现价值。

一、要做到“不破不立”

“不破不立”在思维方式上可以是“变通”，还可以是一种“改革”的勇气。破桌子堆放已经形成不安全、不雅的局面。要改变它们存在的方式，而且能为幼儿学习所用。为与当前的环境适宜，我们提出“旧桌子”文化创意活动。基于保育员和食堂人员的专业水平，引发大家的教育思考。由食堂人员和保育教师组成两个团队。将一堆破桌子分给两个团队开展创意制作。在“改变”中基于问题，提出“不破不立”中，改变存放形式。其实，这些问题的引领，让后勤人员在创意之前知道了要关注的问题，我们要“破”的就是问题，“破”的就是破桌子本身原有的状态，就是要旧物换新，以新的姿态重新呈现出来。

二、“破”有新意

两个组从垃圾分类和班级主题“火车”入手，食堂人员将每一张破桌子刷上丙烯，画上各种蔬菜水果，创设出了“健康列车”；保育教师创设出了“回家”的场景，将破桌子改成垃圾分类桶的模样。所有后勤人员利用业余时间，将破桌子利用丙烯进行了重新粉刷。整个创意的过程，是每个后勤人员自主思考的过程，同伴间思想相互碰撞的过程，同时也让每个人将破桌子放到了可以发挥教育的作用上去思考，而不是简单地进行装饰，更多的是由单个破桌子想到多个破桌子组合后会出现怎样的效果。大家在这样的创意中，首先想到了破桌子改变后孩子们能够获得什么？融入了研究的思维，融入了设计的思考，看似简单，却有新意。当后勤老师们把这些破桌子换新颜后，按照之前的设计思路，将破桌子组合好，重新摆放到了树丛里，树丛中瞬间增添了生机色彩和童趣，一列“蔬菜小火车”在丛林中穿过。另一部分破桌子创意为“回家”的场景，摆放到小竹林边，与小竹林之间形成了“物与自然”的和谐，破桌子重新焕发新的“精神”。过去的乱不堪言，通过改变摆放形式让它们在幼儿园里获得了“重生”。

三、“值”在教育

当这堆破桌子重新出现在幼儿园的时候，后勤老师们脸上都洋溢着自信和幸福，因为这样的创意活动让他们更能去思考幼儿园里处处都是可以学习和成长的机会。另外，他们能够从幼儿园生活中的资源利用思考教育的价值，这些才是教育者该有的教育观和儿童观。他们都在努力为孩子的学习营造氛围。破桌子的创意活动，一是教师队伍建设与发展的有效载体，促进后勤老师们在活动中学习和发展，在活动中凝聚力量，在活动中转变思维。二是破桌子本身在幼儿们的学习中再次发挥新的教育价值，一列“蔬菜小火车”既成为户外环境的一道风景线，孩子们可以在户外时去欣赏、去认知，同时这列火车也成为班级火车主题教育的一部分，让主题教育与环境形成有利的融合。“回家”主题活动，将垃圾分类的方法融入环境，有效成为环境对幼儿环保和健康教育的暗示，使幼儿们在环境中自然习得垃圾分类的方法，养成好的习惯。

总之，在幼儿园和后勤管理中不仅仅是简单地做好服务，更重要的是需要有教育的视角和灵活的思维，能够在问题中寻求管理的突破，寻求教育方式的改变，让人、事、物、景发挥教育价值，管理的终极追求是育人。

（来源：北京市大兴区第一幼儿园　白淑新）

四、如何构建起“医、养、教”一体化的后勤管理

随着全球经济的飞跃发展和人类科技的不断进步，人类更加重视自身素质的提高。世界卫生组织在 20 世纪 80 年代就提出了“儿童的健康，明天的财富”，这就给卫生保健工作提出了更高的要求。在后勤管理工作中，如何本着预防为主、科学养育的原则落实“医、养、教”一体化，也是考量后勤管理质量的关键要素。环境管理、健康管理、生活管理都需要保健管理的支持。平衡的营养膳食不仅体现在营养量计算、菜肴的烹饪之中，也体现在“食育”文化与课程之中。三者的关系如图 1-3 所示。

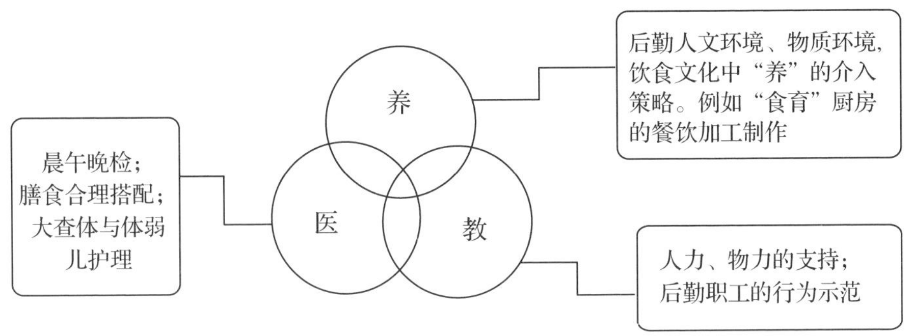

图 1-3　“医、养、教”一体化融合架构

【案例 1-10】

针对体弱儿童的健康指导

随着人们生活水平的不断提高，人们的健康意识不断加强，尤其儿童的身体健康问题更是成为全社会关注的焦点。从数据来看，我国儿童身体素质下降明显，体弱儿童占比较多，而通过对体弱儿童的健康指导，则可以让这部分儿童恢复到健康的状态，同时传递更多的有关儿童的健康理念、健康知识，更好地为幼儿的健康提供服务。

俗话说，“身体是革命的本钱”，尤其是近些年来我国针对教育进行的体制改革初见成效，从原来的应试教育方式转变为素质教育，以期学生能够德智体美劳全面发展。作为一名保健医，我也为此深感责任重大。尤其是当看到许多儿童身体素质较差，不能够像其他的小朋友那样开展一些户外活动的时候，我就更应该肩负起使命，让孩子们能够强身健体，拥有健康的体魄。

因为保健医的职业特性，我接触过许多体弱儿童。在我刚刚和他们接触的时候，就能够清楚地感知到他们身体状况不太好，不仅没有强健的体魄，也没有想要外出活动或者锻炼的意愿，这对我提出了较大的挑战。但我也很感谢他们，是他们让我有机会从基础的保健常识开始，逐渐将他们培养成对锻炼有兴趣，能够坚持锻炼的孩子们。在我接触的众多儿童中，就有这样一个孩子，身体状况极差，正常的走路都会让他呼吸困难，但好在他还是比较愿意进行配合的。

作为一名保健医，首先，我为他制订了合适的体格锻炼计划。在这期间，我观察这位小朋友的活动内容、时间、面色、精神状态、呼吸、排汗等情况，我发现他的活动内容比较单一，就是不断地走路，时间大概在1个小时，这有点超出我的预期。另外孩子面色一直不太好，精神状态倒还不错，呼吸略显困难，排汗一般，体型消瘦。在了解完情况后，我知道他这是因为挑食导致的，身体机能还是比较正常的，可以鼓励他多参与体育锻炼，但初期应控制运动量，然后增加进食量。最重要的就是多给他讲解挑食的危害，让他能够意识到之所以自己的体质这样弱和挑食有很大的关系。

在明确了方向后，我就开始行动起来。我让他和其他的小朋友一起跳八字跳绳，但他跳了两分钟就不愿意继续了，很明显他不愿意参与这样的体育活动。其实对于他这个年纪来说，正是渴望户外运动的时候，我很好奇他为什么不愿意参与这样的活动。两分钟而且还是两个人一起跳的情况下，他的身体是可以负担的。经过观察我发现他是觉得自己太弱了，和其他小朋友一起跳自尊心受挫。

我立刻改变了策略，让他去做蹲起、仰卧起坐等较为基础的运动。这一类的运动较为简单，没有复杂的动作，做起来也并不剧烈，而且是独立完成的。在运动的过程中，他流了好多汗，也会感到疲惫，但却不会对他的身体造成过度的负担。因为这些运动项目只要运动得当，不仅能够增强幼儿的身体素质，还能够让他们养成坚持的好习惯。

在此后的锻炼过程中，在我的监督下他已经能够顺利完成蹲起、仰卧起坐等基础训练。经过一段时间后，他主动提出希望加入跳绳的队伍。我想这名幼儿应该是在锻炼方面对自己已经有了一些信心。因为此前的训练，让他能够有毅力、有决心完成跳绳的任务。

除了户外锻炼外，我还不断监督他吃饭，确保他每顿饭的营养摄取均衡，经过一段时间后，他的脸色已经变得红润。我不断地鼓励他，告诉他坚持就是胜利。经过一段时间的锻炼，他身体好了，也非常开心，看到这样的结果，我深感欣慰。

通过这件事情，我清楚地认识到体弱儿童需要在专业人员的引导下进行多方面的锻炼，同时要不断给予鼓励。作为保健医，面对体弱儿童时要有细心、耐心，通过语言引导他们向正确的方向走。当然更重要的是坚持，要让儿童通过各种教学活动以及户外锻炼，提升他们的动作协调性和灵活性，增强他们的身体素质。让他们养成锻炼的习惯，让他们在一个健康的环境中成长。

（来源：北京市昌平区机关幼儿园　李雪静）

【案例 1-11】

由晨检中的小发现引发出的“医、养、教”一体化互动故事

晨检是保证幼儿健康入园的第一道关卡，在幼儿园卫生保健工作中起着举足轻重的作用。在当下，幼儿保健已成为家长们关注的首要问题，入园晨检在保健工作中更显出其必要性。

然而，在一些新入园的幼儿家庭中，家长来自四面八方，他们的文化修养、知识层面、待人接物方式不尽相同，对于子女的教育问题，理解能力也是不一样的。班级里过敏、挑食的孩子呈增多态势，甚至有的家长还把孩子的挑食误理解为过敏，所以一来园就对班里的老师说：“我们家的宝宝过敏，不能吃蔬菜、水果……”面对这样的家长、这样的孩子，保健医有义务对其进行必要的干预。从医学分析的角度为班级幼儿的养育提供“医、养、教”一体化的专业支持、疏导。例如，小三班的萌萌自来到幼儿园，每顿饭都不能把保健医精心制定的科学带量饮食全部吃完。只要是饭菜里有青菜就一定会剩在碗里，老师用各种方法都不能劝说萌萌进食青菜，保健医在查班的过程中也同样发现了这个问题。

于是，保健医及时利用与家长能够进行交流的晨检环节，以此为契机进行家园沟通。晨检刚刚开始，萌萌就一蹦一跳地来到了保健医身边，伸出了小手，张开了小嘴巴，保健医用手电照着萌萌的小嘴巴，又照了照萌萌的一双小手，问：“小朋友，你的小嗓子很红啊！手为什么脱皮了？这双小手看起来多难看啊。”萌萌听了有些不好意思，萌萌的妈妈满不在乎地搪塞道：“最近的天气太干燥了，我们没有抹油，这些都不叫事儿。”听到妈妈这么说，萌萌的不好意思瞬间消失，像妈妈一样无所谓地进了班。晨检后，保健医与班里老师做了沟通，随后老师把萌萌在园里的表现告诉了萌萌妈妈，同时强调幼儿园的膳食是经过保健医精心调配下制定出的科学带量食谱，以保证每位幼儿一天的营养素均衡。如果长期挑食容易导致维生素摄入不足，对于孩子各个器官都是有影响的，影响孩子的体格生长，所以一定要对此予以重视，适当、巧妙地对孩子说“不”很有必要。一席谈话引起萌萌妈妈的重视，她表示“作为家长一定会配合老师，帮助萌萌解决问题”。谈话很成功，这样就更增添了保健医帮萌萌改掉挑食习惯的信心。

在第二天的晨检时，保健医趁热打铁地问萌萌：“今天这个小手抹油了

吗?”萌萌说：“抹了。”保健医看了看又说：“那手怎么还脱皮呢?”“你平时不吃青菜吧，缺乏维生素就是这个样子的，时间久了，你的小脸也会脱皮的，就不漂亮了。”萌萌一听瞪大了眼睛，看了看妈妈，妈妈立刻问：“是吗？老师，那我们应该怎么办呢?”保健医回答：“要保证每天定量的维生素摄入，青菜中维生素的含量非常高，所以一定要吃各种青菜。”妈妈会意地点了点头，领着萌萌走进小三班。正是因为家园的紧密合作，很快萌萌就成为一名不挑食的健康孩子。

晨检是保健医日复一日的常规性工作，在具体落实中不仅是流程化的检查，还是以小见大挖掘晨检“首检”内在价值的检查。这既体现了保健医的爱心与责任心，更是每日开启后勤管理质效的按钮。这也启示我们后勤管理不仅是居于后台的辅助，在“医、养、教”一体化管理理念下，需要后勤岗位上的每一位职工关注细节，走向前台重视与教师、家长之间的沟通合作，结合本职工作做全面统筹，才能更好地促进幼儿身心健康全面发展！

（来源：北京市昌平区机关幼儿园　齐东明）

后勤工作作为幼儿园管理工作的重要组成部分，是幼儿园科学管理的必要保障，其质效关系到幼儿园的工作全局。安全卫生、健康保健、食育文化、财务管理、信息技术应用等对于幼儿园的发展而言均具有牵一发而动全身的特点。通过对后勤各部门人员、资源的优化配置与统筹管理，才能更好地满足幼儿与教职工的工作、学习、生活需要。

【拓展阅读】

推荐图书：

吕莹、陈冰主编：《幼儿园总务管理手册》，吉林大学出版社，2016 年版。

推荐理由：

对幼儿园后勤总务管理内容进行了细化详解，理论结合实际，为幼儿园后勤管理工作提供相应的指导和建议。

【本章小结】

本章利用三节内容全面概述了后勤工作管理的特点、内容与基本实施措施。结合较为通俗的管理案例，采用设疑、解析、小窍门分享等方式，透过“‘剥豌豆’引发的台前台后的有机互动”“从空调事件看后勤维修的先行保障”“举重若轻的大查体数据分析与应用”“摔门而去的维修工——后勤工作质量评价中的‘鼓劲’与‘泄劲’”等一个个管理案例故事，旨在于轻松的阅读中，唤起读者共鸣，帮助后勤人员从环境创设与管理、安全管理、卫生保健管理、财务财产管理、信息化建设、工作评价等基本工作内容出发，帮助后勤职工建立职业自信，获得职业的幸福感；启发后勤管理者于平凡的事务性管理中跳出来，从“医、养、教”一体化全局统筹的高度审视、规划后勤管理工作，以与时俱进的发展性管理格局，助力后勤管理工作实现由被动到主动，由单打一的后台服务转向有思想、有视野、有发展、见实效的前后台交互运转的动态支架性职能定位。

【讨论与思考】

1. 您认为后勤工作的职业特点是什么？

2. 对于后勤管理不仅是居于后台的辅助这一定位，您是如何理解的？

3. “立德树人的根本任务”与您身处的后勤工作岗位有何关系？

4. 对于“医、养、教”一体化的后勤管理策略，您是如何理解并落实的？

第二章　安全管理

——不仅是一项工作、一项任务

【本章要点】

- 了解安全管理的原则；
- 感受安全工作的重要性，明确安全工作职责，牢记安全工作使命；
- 立足安全管理工作内容，实施“精细化”统筹性建构；
- 结合当前国家教育政策法规、《北京市幼儿园办园质量督导评估标准(试行)》及《北京市平安校园建设标准(试行)》，以问题反思为路径，通过案例分析及制度规范化管理等重要手段，从多种角度审视安全管理工作。

【本章关键词】

安全管理；职责；制度；应急预案

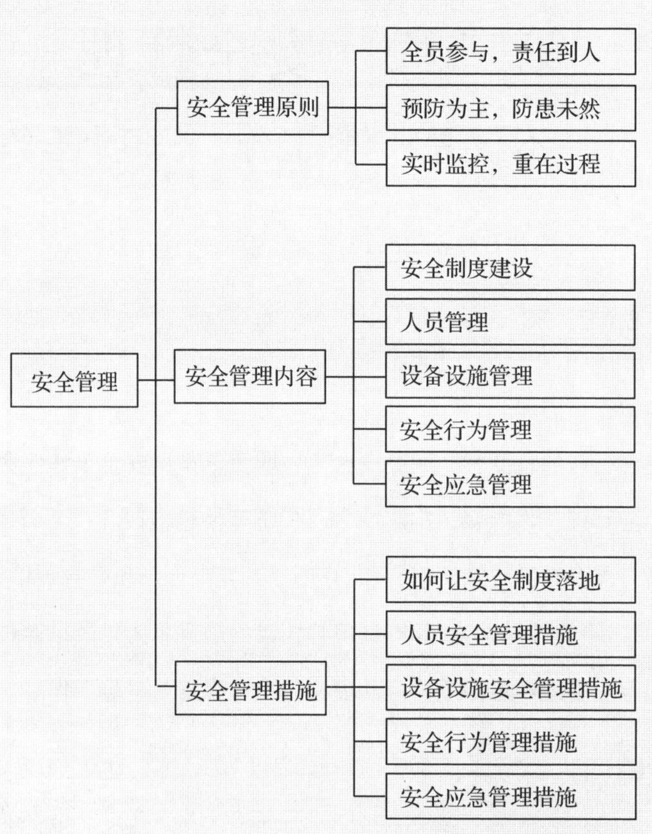
安全管理
安全管理原则
全员参与，责任到人
预防为主，防患未然
实时监控，重在过程
安全管理内容
安全制度建设
人员管理
设备设施管理
安全行为管理
安全应急管理
安全管理措施
如何让安全制度落地
人员安全管理措施
设备设施安全管理措施
安全行为管理措施
安全应急管理措施

人们常说幼儿园的安全是一，工作成绩是一后面的零，当安全的"一"做好了，后面的零越多价值越高，但是，安全的"一"没有了，一切都是零。

"生命不保，谈何教育。"[①]在我国大力发展学前教育的政策趋向和时代背景下，"幼儿园安全"作为开展幼儿保教工作，切实提高保教质量的基本前提，愈发成为一种迫切的需要。面对幼儿园安全事故，我们应敲响警钟。

安全管理作为幼儿园管理工作的重要组成部分，可以说，做好安全管理是幼儿园工作开展的必备条件，是关系到全园各项工作稳定的一项重要工作。所谓安全管理，是由安全干部根据本单位实际，经领导审批后进行的计划、组织、协调、控制、排查和预防的安全管理，通过对全园各部门、各人员和各种资源进行优化配置、统筹规划和协调使用，以满足幼儿园各项工作有序开展，满足全体幼儿和教职工的工作学习和生活需要，并为实现平安校园和教育培养目标构建有利条件和安全氛围。一般来说，安全管理包括制定幼儿园安全管理制度，明确幼儿园每个岗位的安全管理工作职责，编制、签订幼儿园各岗位安全责任书，实施安全教育等。

第一节　安全管理原则

幼儿天真烂漫，有着强烈的求知欲和好奇心。他们有着惊人的模仿能力，总喜欢在大人面前展示自己，大人们的一举一动他们都会在短时间内模仿得惟妙惟肖。然而由于幼儿年龄的限制和生活能力的缺乏，他们的安全概念不足，安全防护能力不足。因此，幼儿园安全管理工作尤为重要。

做任何事情都必须遵循一定的原则，才能有计划、按要求、保质量地向前推进。安全管理，同样需要遵循以下工作原则。

一、全员参与，责任到人

幼儿园安全工作实行园长负责制，成立以园长为安全工作第一责任人的安全工作领导小组，建立分层管理网络。后勤作为安全管理工作实施的主要

---

① 柳敬拓、张晓峰、吴志樵：《学校的精细化管理》，合肥：安徽人民出版社，2015年版，第200页。

部门，根据单位实际情况设置合理的工作机构、管理层级、人员配置等，坚持从园所的实际出发，因地制宜，贯彻精兵简政的原则，做到机构精、人员简，形成良好的安全管理体系，杜绝一切安全事故的发生。

安全管理既要关注到房屋、设备设施、环境等的检查和管理，同时更要加强对人员的管理，让安全教育覆盖到全体教职工、幼儿及幼儿家长，有计划地定期组织相关人员开展安全管理规章制度及法律法规方面的学习教育，树立牢固的安全防范意识，有效提升教职工对工作责任的使命感。每年根据不同人员的不同岗位，将安全工作作为重点内容列入岗位职责，明确各自所承担的安全责任。通过逐层签订责任书、绩效考核等形式落实制度、规范管理，切实提高安全管理的实效性。

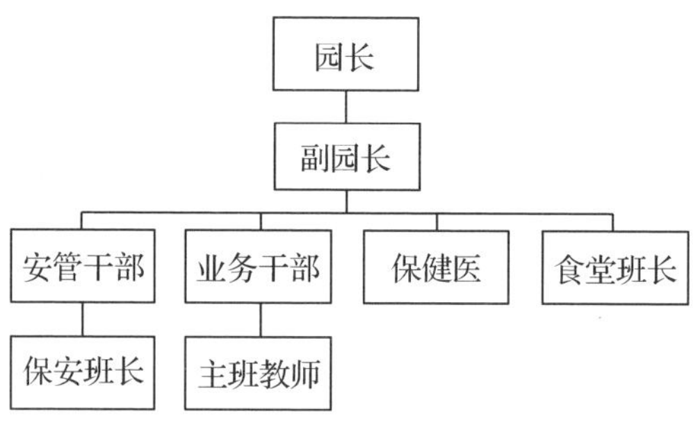

图 2-1　幼儿园安全保卫组织机构图

二、预防为主，防患未然

预防为主，避免安全事故的发生，这是确保安全的重要手段之一。预防为主不是一味地消极预防，要采取积极的措施。

幼儿园发生的很多事故中，除了少数不可预测的突发事件外，其主要原因还是当事人缺乏责任心，不能充分认识到自己肩负的责任重大，对危险预判不足。当事人应做到事先进行评估、推测，判断出可能发生的危险，并积极主动地对排查出的问题进行彻底消除。

我们在日常工作中应注意以下三个方面：第一，为师幼提供充足的活动空间，避免幼儿由于过于拥挤而发生危险，造成意外伤害。第二，幼儿园的设施、设备的不安全因素，是造成幼儿意外伤害的原因之一，要注意设施、设备的经常性维修，定期检查，控制环境中的不安全因素，将园内不安全因素降至零，事先预料可能发生的危险，加强防范，保证幼儿安全。第三，依据场地和设备设施的具体情况，建立符合实际的使用制度及使用说明，并设置安全警示标识(如图 2-2、图 2-3、图 2-4)。

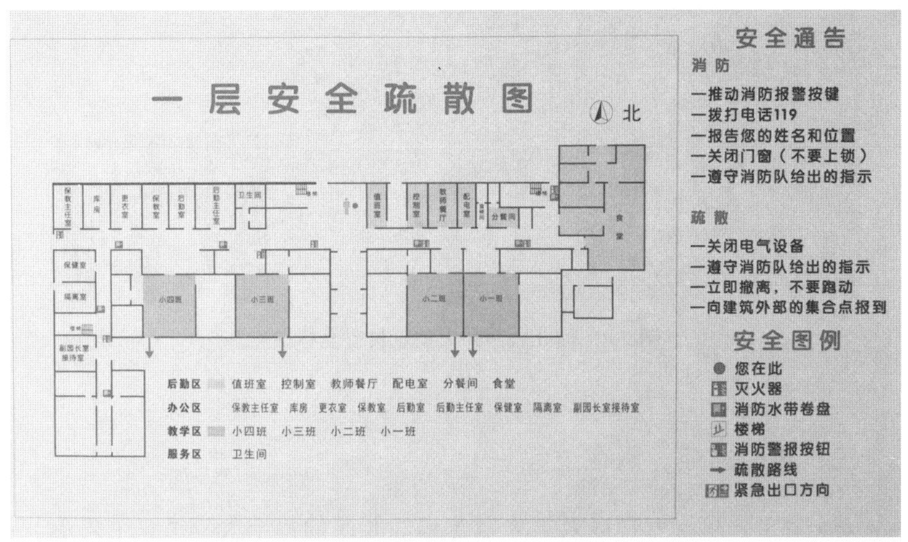

图 2-2　幼儿园楼层平面疏散图

图 2-3　幼儿园避难安全标识图

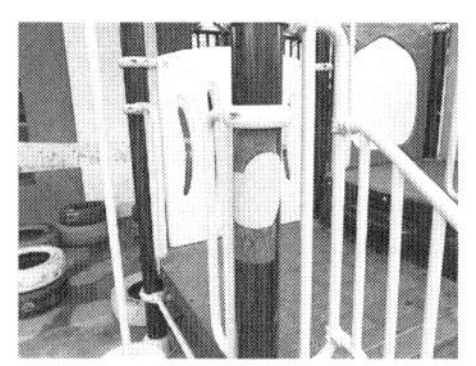

图 2-4　幼儿园户外大型玩具安全标识点

三、实时监控，重在过程

安全管理要求将管理以及工作覆盖到幼儿园的每个人、每一个角落，要切实把安全工作做实、做细，不遗漏，在管理过程中要尽职尽责地对人、财、物进行全面的配置和管理，让安全管理中的人员、技防设备等资源发挥最高的工作效率。利用各种手段对各项工作、活动、任务等实施监管，从而有效提升安全管理工作的运行效果，更好地为幼儿园的安全稳定保驾护航。

【案例 2-1】

一把剪刀的危害

某小班教师创设环境时，把剪刀随手放在美工架上。区域活动过程中 1 名幼儿在取用工具时不小心误触，“啪”的一声，剪刀落在了地上，幼儿被吓得哭闹了起来。带班老师急忙上前安抚幼儿，随手捡起掉落的剪刀，看着孩子惊恐的眼神，一阵心悸，剪刀掉落的位置就在幼儿脚边，差一点后果就不堪设想。

每一个细小的环节，都是我们日常工作中不可或缺的一部分，教师不经意的一个小疏忽，很可能就会造成严重的后果，使幼儿的身体受到伤害，发生安全事故。因此，在日常工作中，安全干部要持续加强对教职工安全意识的教育，增加对班级安全检查的频次，加大安全检查力度，把安全工作有效地落实在每个细小的环节，使其真正发挥作用，从而彻底将安全隐患消除在萌芽状态，以确保幼儿的生命安全。

（来源：北京市昌平区南口镇中心幼儿园　曹杨）

【案例 2-2】

被遗忘的胶枪

有一天下午，午睡起床时，大一班的小朋友都在有序地穿衣、盥洗，老师们也在正常地开展工作。忽然，“啊”的一声，明明大声哭叫了起来，老师急忙走过去，看到明明用右手紧握着自己的左手手指。老师顺着明明小手指的方向一看，原来是中午在做环创时使用的胶枪未及时收理，导致明明的手指被胶枪烫到，老师急忙带幼儿到保健室进行处理，并叮嘱配班教师立即收理胶枪。

树立安全责任意识不是一句口号，需要我们把它贯穿在每一个工作环节中。在幼儿园，我们面对的是一群天真、活泼的孩子，我们将通过日常对教职工的安全教育、安全检查及抽查，不断增强教师的安全意识，使其时刻保持警醒，以确保幼儿安全。因为任何微小的隐患，都可能会带来严重的后果。

（来源：北京市昌平区南口镇中心幼儿园　杨楠）

【案例 2-3】

危险就在身边

某一天，幼儿园食堂的厨师正在使用饺子机为幼儿准备晚餐，大家一起分工合作，效率非常高，包出的饺子也符合制定的工作标准，大小适宜、馅料充足。可就在一名厨师将新的面团放入机器后，突然发出了一声叫喊“哎哟”，把正在忙碌的其他人都吓到了，赶忙上前询问发生了什么事情。这时，张师傅说：“我刚刚在放面团后，准备启动饺子机时，开关处有一股电流把我的手电了一下。”于是大家急忙找来维修人员对设备进行检查，发现饺子机的开关处因在使用中存留了一些面粉，所以造成了触电现象的发生。维修人员提示厨师们在操作中一定要注意细节，随时关注设备的运行情况，以确保人身安全。

因为厨师在日常工作中已对设备使用方法掌握得非常熟练，所以在操作过程中很容易对一些细小环节有所忽略，缺少对使用过程中细节的关注，从而造成了此次问题的发生。通过这次问题，再一次为我们的安全管理工作敲响了警钟，提示我们在工作中要时刻保持警醒的头脑，结果的好坏均与实施的过程密不可分，我们要切记避免出现因小失大的情况。

（来源：北京市昌平区南口镇中心幼儿园　孟丽娟）

安全管理是一个动态管理过程，因人员、时间、环境、活动内容的不同，会随时出现新的安全隐患，且事故本身具有突发性、多维性、隐蔽性的特点，所以安全管理需要实时监控，重在过程。

安全工作的动态过程管理强调安全工作随着幼儿园保教、后勤工作的变化而变化，及时了解可能出现的安全隐患及造成的影响，及时改变管理重点、管理思路，以便消除动态出现的事故隐患。① 例如幼儿园在园内开展的大型活动，须提前制定“××活动方案”，并成立安全工作小组，全面负责安全管理工作，制定相应的“××活动安全预案”，落实过程性管理安全制度和措施，动态跟踪管理安全工作，增加活动安全性，提升安全管理的精细化。

第二节　安全管理内容

幼儿成长过程中总是隐藏着各种危害他们安全的因素，这些因素涉及幼儿成长的许多方面。因此，要做好幼儿园的安全管理工作，必然涉及广泛，从而意味着做好幼儿园安全管理工作是相当困难又是必须完成的艰巨任务。概括而言，幼儿园的安全管理工作主要内容有知晓安全知识、逐步培养自我防护能力和完善幼儿园安全工作的组织与管理等。

幼儿园的安全工作，特别是幼儿的安全是至关重要的。幼儿年龄小，缺少安全知识经验，缺乏独立行为能力，然而又好奇、好动、好探索。在活动中对危险事物不能做出正确判断，不能预见行为后果，面临危险时不会保护自己。幼儿园作为集体保育和教育机构要对全体幼儿的安全负责，幼儿园的安全工作是保证幼儿生命安全的重要措施。幼儿园安全工作是一项涉及全园各个部门的工作，如门卫、场地设备安全，活动安全等。在管理上要高度重

① 北京师范大学实验幼儿园：《幼儿园后勤精细化管理》，北京：北京师范大学出版社，2015 年版，第 139 页。

视，要教育全园教职工认真对待这项工作，同时推动有关制度的建立和措施的落实，使园内各项活动的开展均能以幼儿为中心，注意各种活动的安全保护问题。

一、安全制度建设

安全制度的建立和措施的完善是做好安全管理工作的基础。建立健全各项安全制度，并坚持严格执行，要明确规定各个岗位安全工作的内容及各环节要注意的问题，要注意对幼儿、家长进行安全教育和宣传，使安全制度广而周知。还应对制度执行情况进行定期检查和经常性督促指导，发生事故要及时上报，并认真分析原因。

幼儿园的安全管理是一项经常性的常规工作，要有效地保障幼儿园安全，就必须建立一套完整的幼儿园安全制度，明确岗位责任，落实到人，为幼儿的安全建立有效的防护网。一般而言，幼儿园安全工作的主要制度有：安全管理制度、安全组织机构管理制度、岗位安全责任制度、安全预案演练制度、卫生防疫管理制度、食堂管理制度、幼儿安全制度、幼儿园家长接送制度、幼儿园安全隐患排查制度、幼儿园门卫工作制度、消防安全标准化管理制度等。幼儿园安全制度建设是幼儿园安全管理的基础性工作，幼儿园安全工作的有效展开需要制度的保证，以使全体教职工的工作有章可循、有序开展。

【案例 2-4】

幼儿园安全管理制度

1. 为保证园所房屋、场地、家具、玩具、生活用品以及体育器械的使用安全，本园定期由专人检修，避免摔伤、烫伤、走失、触电、中毒等事故的发生。

2. 定期向家长及教职工进行安全教育，定期检查园(班)安全措施的落实情况。对幼儿进行安全教育要经常化，要将安全教育渗透到教育活动中去。

3. 认真贯彻有关食品卫生规定，严防食物中毒。要建立幼儿就餐管理制度，并由经办人每餐予以签字备案。

4. 药物必须妥善保管，放在幼儿拿不到的地方。吃药时必须认真核对，药物一定要专箱专人负责。

5. 稀粥、菜汤、开水等要放在安全的地方进行降温处理后方能给幼儿饮用。

6. 厕所、盥洗间地面保持清洁干燥，洗手水或洗涤水用前先放冷水，再放热水，防止出现烫伤。

7. 掌握灭火器的使用方法，并且要放在成人知道的地方。灭火器要定期检查、更换。

8. 静园后应有专人检查门窗、水管、电灯、录音机，关闭电闸，灭炉火，锁门，防止意外事故发生。

9. 不准私自带幼儿去锅炉房、伙房、水房等不安全的地方。

10. 要建立健全幼儿接送制度。传达室门卫人员、带班教师要把好大门，工作时间不能脱岗或做其他事务。传达室内应设有电话、时钟，并有值班记录。

11. 外人不得随意来园，不得进班，有事可在传达室等候接待。

12. 对园(班)内出现的事故，要进行分析研究，做好记录，追究当事人的责任，根据情节大小进行相应处罚。

13. 工作人员要保证幼儿的行为安全，出现情况应及时汇报，不得延误。

14. 如果出现重大责任事故，要追究当事人及其单位的责任。

（来源：北京市昌平区南口镇中心幼儿园）

【案例 2-5】

幼儿园安全保卫制度

1. 安全保卫小组负责全园安全保卫工作。

2. 来客必须填写来访登记表，与被访方确认后方可进园。来访结束后应及时离园，并填写离园时间。

3. 安全保卫组领导要协同后勤相关人员定期对房屋、设备、场地及大型玩具、班级和设施设备进行检查。

4. 节假日安排专人值班，园领导带班。

5. 静园后及节假日，门卫及值班人员要对全园进行巡视，值班人员要填写值班记录。

6. 重视安全设备的使用，如会计室、电教室、库房、厨房锁好防盗门窗，有关人员及值班人员了解灭火器及消防栓的位置，清除水井盖上的障碍物等。

7. 发生意外时有保护幼儿生命安全的措施。

8. 健全幼儿接送制度：入园时家长把幼儿交给老师，离园时老师亲自把幼儿交给家长，开大门后门卫要坚守岗位，防止幼儿擅自离园。

9. 做到安全使用电器，如电门插座离地面1.4米以上，电扇摆放需加固。

10. 工作人员下班时，关好门窗、水龙头、电灯、电扇、录音机、电视机等。厨房关好煤气，各组最后离开的人员全面检查后将门锁好，下班后值班人员要对全园进行一次巡视。

11. 安管干部定期向教职工、幼儿及家长进行安全教育，节假日前重点进行宣传教育。

12. 园内出现安全事故后应追究责任，根据情节轻重及责任大小给予不同的处分。

（来源：北京市昌平区南口镇中心幼儿园）

【案例2-6】

幼儿园安全预案演练制度

1. 安全演练工作按照“结合实际，合理定位”的原则进行。紧密结合幼儿园工作实际，结合幼儿生理年龄、心理素质、认知水平等情况，明确演练目的，根据资源条件确定演练方式和规模。

2. 着眼实际、讲求实效。以提高幼儿园职能部门、各班级之间和教职工之间指挥协调能力和实战能力为着眼点，重视对演练效果及组织工作的评估、总结，及时整改存在问题。

3. 精心组织、确保安全。围绕演练目的，精心制订演练计划，科学设计演练方案，周密组织演练活动，严格落实各项安全措施，确保参与演练的师生人身安全。

4. 幼儿园应当以锻炼和提高全体师生在真实场景中的避险逃生和自我防护能力为出发点，采取实战演练的方法，预先谋划、设定突发事件情景，通过事发、报警、决策、指挥、行动、总结等一系列步骤，完成真实应急演练的过程，从而检验和锻炼各部门、各班级和全体教职工的临场组织指挥、应急处置技能和后勤保障等应急能力，提高师生避险逃生和救助防护的素质和水平。

5. 幼儿园组织班级根据季节时令、环境变化、教育教学任务等各种不同的情况，在每年年初的安全工作计划中制订年度应急演练计划。幼儿园组织班级每学期至少开展一次应急演练。

6. 成立由园长任组长的演练指挥领导小组，负责应急演练活动全过程的组织领导，指挥小组应建立起策划、指挥、行动、保障、宣传等部门，各司其职、协同配合，确保演练过程的有序实施。

7. 演练前应当制订详细的演练计划或脚本，明确开展应急演练的原因和目的、演练要解决的问题和预期达到的效果等，确定参加演练的人员、各部门各岗位和教职工的职责任务、需要锻炼的技能、可行的实施步骤等。

8. 演练后相关班级负责人应当妥善保管演练过程的计划方案、影音图像、总结报告等材料。

（来源：北京市昌平区南口镇中心幼儿园）

【案例 2-7】

幼儿园门卫工作制度

幼儿园门卫工作制度是对一切进出学校、幼儿园的人员和事物进行有效监控和严格管理的制度。园所门卫须由综合素质好、责任心强、身体强健的人员担任，并由经过正规培训的保安承担门卫管理工作。门卫管理制度包括进出人员证件查验制度、外来人员入园登记制度、会客制度、车辆准入放行制度、物品出入查验制度。

一、进出人员证件查验制度

1. 非幼儿园教职员工进入幼儿园，应主动向幼儿园门卫出示表明身份的相关证件。

2. 幼儿园门卫应认真查验进入幼儿园的外来人员的相关证件，严禁不明身份人员进入幼儿园。

3. 对拒不出示证件或不能证明其身份的外来人员，幼儿园门卫应拒绝其进入并做好解释工作。

4. 在教育活动时间，幼儿因特殊情况需出园门时，家长必须持有班主任老师签字同意的离园单，幼儿园门卫查验核实后方可放行并将离园单存档备查。

二、外来人员入园登记制度

1. 外来人员进入幼儿园，必须凭有效证件在幼儿园门卫室进行登记，经允许后方可进入。

2. 对拒不进行登记的外来人员或登记内容与事实不符的，幼儿园门卫应拒绝其进入并做好解释工作。

三、会客制度

1. 幼儿园教师在开展教育教学工作期间原则上不会客；确因工作需要会客的，需经幼儿园领导同意，并由教师本人到门卫室确认和登记后准予进入。

2. 幼儿家长到幼儿园找教师交流或了解幼儿情况时，需由幼儿园领导或教师本人到门卫室确认和登记后准予进入。

3. 幼儿家长要进园找自己的孩子或其他幼儿，只能在课间由班主任老师陪同并登记后进入。

四、车辆准入放行制度

1. 幼儿园在正常教育教学工作期间，应关闭好园门，杜绝车辆进出幼儿园。

2. 上级领导视察工作或确因工作需要进入幼儿园的车辆，需经幼儿园领导同意后，在保卫人员的引导下停放到指定区域，禁止鸣笛，限速行驶，确保师幼安全。

五、物品出入查验制度

1. 幼儿园门卫对进出幼儿园的外来人员携带的物品进行登记，对可疑物品要进行查验，严禁携带易燃易爆物品、剧毒物品、管制刀具等危害物品进入幼儿园。幼儿园因教学需要购买的化学实验药品，必须由实验保管员带入并登记。

2. 幼儿园保卫人员对带出幼儿园的物品，要请示园领导同意并查验登记后方可放行。

3. 幼儿园门卫要加强对带入或带出幼儿园的可疑物品的盘查，确保幼儿园和师生的人身财产安全。

（来源：北京市昌平区南口镇中心幼儿园）

二、人员管理

幼儿园安全工作的人员管理即是幼儿园的人防建设。作为幼儿园的安全管理人员、保安员、门卫要熟悉安全管理、治安保卫相关法律法规、安全标准和规章制度，熟悉掌握校园周边治安特点及校园安全防范工作重点，能够给幼儿提供安全、良好、舒适的成长环境，保证师幼人身安全和幼儿园财产安全，有效防范自然灾害造成的伤害事故，以及防止非法分子侵入校园发生暴力事件等，必须具有较强的责任心、敢于担当责任的意识。这样的安全队伍包括以下人员：

1. 园长

园长是幼儿园安全工作第一责任人，肩负着安全工作管理、指导与检查的职责。园长需每学年与各类人员逐级签订安全责任书，并监督安全工作职责履行情况。组织召开园务会，研究讨论安全领导小组讨论的情况，并制定相关措施予以解决。定期检查或抽查安全工作小组工作情况，整体掌握全园安全状况。主导开展对全体教职工的安全培训和思想教育，提高全园教职工的安全防范意识和安全防范能力。指导并督促教师针对不同年龄的幼儿开展多种形式的安全教育，检查教育活动的实效性。出现安全问题园长须第一时间向上级汇报，同时立即启动应急预案，并以书面形式上报。

2. 安全干部

安全干部系园长之下全园安全工作的总体负责人。其职责是依据工作实际情况及时完善、调整相关安全制度、预案、职责等，经园务会通过后组织实施。协助园长与各级各类人员逐层签订安全责任书，检查实施情况。组织开展对全园各类安全隐患的排查、日常工作的检查以及安全演练与安全教育的组织实施。对全园教职工及保安人员进行不同类型的培训活动，指导监督安全防护队伍中所涉及的各岗位工作。

3. 教师

安全工作是教师开展班级工作的重要基石，建立班级安全制度，制定适合本班的安全工作措施，每天检查班级设备设施的安全情况，及时发现隐患，防止火灾、触电、磕碰伤等事故的发生。严格执行交接班制度，确保幼儿入离园及在园期间的安全。随时关注幼儿，做好饮食及卫生安全工作，防止抓伤、烫伤、吞食异物、走失等事故发生。各班出现重大事件须立即逐级上报。

4. 保安

每天对幼儿园内及周边进行检查，发现问题或隐患要妥善处理并及时报告。入离园期间确保门前畅通，疏导幼儿有序出入。出现乱停车、滋事、扰乱秩序等行为，须及时予以制止，对不服从管理或危及人身财产安全的应及时报告幼儿园领导或报警。严格实施幼儿园封闭管理，外来人员及车辆未经园领导批准，不得进入幼儿园。遇到紧急突发情况，迅速使用钢叉、盾牌、警棍等防卫器械，果断制止。

5. 保健医

保健医建立健全饮食安全制度、保健安全制度。定期向全体教职工进行安全、急救等方面的知识教育，避免教职工、幼儿发生触电、烫伤、砸伤、摔伤、烧伤等事故。保健室要妥善管理各类药品以及医疗器械且分别存放，每月检查一次，防止药品过期、医疗器械受损。每周同后勤主任、保教主任、安管干部对全园进行安全检查，发现隐患及时处理。每天对全体幼儿做好晨检工作，防止患传染病幼儿入园，不安全的物品等带入幼儿园。做好幼儿预防接种的安全工作。

6. 法治副园长

每个幼儿园与属地派出所片警联系并聘请其为各单位的法治副园长，这是近几年来北京市对于加强教育事业安全管理的一种重要手段。

法治副园长协助幼儿园加强内部安全防范工作，健全、完善规章制度，落实各项防范措施。掌握幼儿园周边地区治安动向，定期到幼儿园了解及指导工作，维护周边治安秩序。有效指导幼儿园开展治安防范、交通和消防安全教育活动。协助幼儿园促进与社区、家庭的联系与沟通，完善幼儿园、社区、家庭“三位一体”的安全教育机制。

三、设备设施管理

设备设施的配备齐全，是支撑幼儿园整体运行的核心物质基础。为确保幼儿园工作的顺利进行，设备设施采购时必须通过正规渠道，走正规手续落实完成，确保各项环节资料齐全，及时收整存档、备查。制定严格规范的管理制度，定期对园所设备设施进行检查、维修、保养或更换，安排专人负责，本着“谁管理谁负责，谁使用谁负责”的原则，把日常管理及维护落实到每个使用者或管理者身上，以确保设备设施的完好，避免对幼儿、教职工及幼儿园造成危害，有效将安全风险降至最低。

(一)技防建设

完善幼儿园技防设施，保障师幼人身安全、财产安全，是幼儿园安全防护的重要工作。幼儿园安防技术系统主要包括以下几个方面：

1. 幼儿园实施安防监控全覆盖，有专人管理，视频记录应保存 30 天，重点部位应保存 90 天。

视频监控主要涉及位置有幼儿园出入口、户外活动场地、园内主要道路、财务室、厨房、走廊、教室以及其他幼儿活动场所，均须安装技防监控设备。

2. 幼儿园须根据实际情况，在相应点位安装防入侵警报系统或防入侵安全装备。

对于幼儿园存在的低矮围墙、栅栏等易翻越的地方均须安装防攀爬网或防入侵警报系统，从而确保幼儿园无安全隐患。

3. 园所内部须安装一键报警装置，并确保设备的畅通、有效。

一键报警系统共分为四个等级：一是上报幼儿园值班室负责值班人员；二是上报给幼儿园主管部门；三是上报区教委直属部门；四是上报属地公安部门。

(二)物防管理

为确保在园幼儿能有一个安全、舒适、健康、快乐成长的良好环境，让家长放心、让社会放心，必须落实物防管理工作。

1. 对标对表认真落实，配齐防护设备——物防装备。

幼儿园门卫室是安全的第一道防线，也是重要的一道防线。为此，在门卫管理上，幼儿园要严格落实《北京市中小学幼儿园平安校园建设标准(试行)》中的工作要求，在园门口安装防冲撞设备，并为保安人员配备齐全的物防设备，以确保幼儿园大门口的安全稳定，防护措施落实到位。所谓物防设备，具体包括保安使用的警用头盔、防刺背心、防割手套、橡胶警棍、警用钢叉、防爆盾牌、辣椒喷剂以及园门口防冲撞桩。

2. 依据场地划分，合理规划场地设计及使用，确保各项措施安全无隐患——幼儿园场地。

幼儿园场地包括室内场地和室外场地。室内主要包含班级活动室、睡眠室、盥洗室、楼道、公共活动区域等场地，户外则是包含园内室外的运动场地、绿化场地以及其他使用用地。每一个场地都可能发生我们意想不到的意外伤害，如井盖松动会导致幼儿不慎落井，造成生命危险。地面不平整会在活动中发生幼儿间的磕碰，从而使幼儿受到伤害。场地绿化需根据各班级活动安排和各场地的使用划分及管理情况，合理规划、制定确保幼儿安全的工作内容及职责，把安全管理工作具体落实到人和事，夯实责任。

3. 日常的安全使用及排查——大型玩具。

幼儿园大型玩具主要包括滑梯、攀爬网、大型组合玩具、跷跷板、钻笼等。使用一段时间后，会出现螺丝松动，金属表面起皮、开裂，木质玩具周边严重磨损有刺，网、绳长久老化糟断等安全隐患，导致幼儿人身安全受到伤害。轻则皮肤划破，重则导致摔伤、骨折等。如在幼儿进行秋千游戏时，我们未提前发现悬垂的螺丝松动，那么在幼儿荡秋千的过程中就会造成秋千脱落，从而导致幼儿飞出或摔伤，严重时也会造成生命危害。幼儿园专职安全管理人员、维修人员及班级教师根据活动及工作要求，需提前进行设备使用的检查与维修。

4. 安全使用小型运动器械，避免不必要的问题发生——小型运动器械。

小型运动器械在拿放环节容易混乱，导致幼儿受伤；投放器械种类过少，会使幼儿因争夺器械而发生安全事故，同样如在窄小的场地内投放器械的种类过多，会导致教师无法全面指导而出现器械伤人现象；投放的"新器械"种类过多时，幼儿在还未学会使用或熟练掌握使用器械时，也会因使用不当而造成人员受伤等。因此，采购玩具的质量保障、规则的掌握、使用方法和场地的合理投放及划分等就显得尤为重要。

5. 点滴小事，从细抓实，让幼儿在安全的氛围中愉快玩耍——班级玩具。

玩具在幼儿教育过程中是不可或缺的，幼儿园必须保证所提供给幼儿的玩具不是劣质的玩具，不会对幼儿带来伤害。从玩具的购置、使用到保管，都要优先考虑幼儿的安全。比如一些容易破裂或锋利的玩具，或产品质量不达标的玩具等，都应进行定期检查与维护，并在使用前确保玩具的完好性，避免伤害到幼儿。

6. 做好在房屋使用前的安全检测，为幼儿提供一个让家长放心、幼儿舒心的安全生活环境——空气质检。

幼儿生命安全和身体健康永远都是安全管理中的第一位。如在对幼儿园进行房屋建造及装修装饰上，一定要通过正规的立项、招投标、资质审核、签订合同等渠道，使用产品过关、质量有保证等具有资质的厂家商品、施工团队进行施工，并在重建后向幼儿家长提供具有法律效益的检测合格证明，以避免造成对幼儿身体健康的影响和伤害。

7. 措施齐全，应对自如——消防设备。

幼儿园一般都会使用炊事用火，为此就会存在一定的火灾隐患，此外还有一些偏僻角落，也会存在一些火灾的隐患，如遇春节燃放烟花爆竹也可能会发生火灾，而一旦发生火灾就会很危险。幼儿园要时刻加强对安全隐患的排查，成立相关的安全工作领导小组，定期组织安全小组成员、全园教职工进行消防安全知识专题培训及实际演练操作活动。还要对全园师幼定期开展火灾疏散逃生演练，结合“11·9”积极进行消防安全宣传教育等。

四、安全行为管理

幼儿园规定所有的教职员工都必须具备从事相关职业的专业从业人员资格证书，确保每名教职工持证上岗。制定相应的规章制度来管理、约束教职工的言行举止，使其言行规范，具有为人师表的正面教育及榜样作用。作为安管干部要时刻明确自己的工作职责，根据每年的实际情况制订切实可行的安全工作计划，通过多种形式开展对教职工、幼儿的安全教育，定期组织相关人员及全体教职工、幼儿及幼儿家长开展有针对性的安全演练及专家讲座活动。让安全落地、安全入心、安全传递。

五、安全应急管理

幼儿园安全管理就是要把一切可能存在的安全隐患和安全风险消除在发生前。为此，幼儿园根据日常工作内容制定系列的安全应急预案，以确保幼儿园安全稳定，确保幼儿、教职工的人身安全。

突发事件的处理需要提前进行预设，针对一切可能发生的问题制定出切实可行的应急管理预案，让安全管理工作更加精细，未雨绸缪，防患于未然。

【案例 2-8】

食物中毒应急预案

一、目的和范围

为了保障幼儿园全体师幼健康地学习与生活，保证幼儿园教育教学工作的顺利进行，促进幼儿园后勤工作的管理和规范，防范食物中毒事故的发生，切实有效地降低和控制中毒事故所造成的危害与影响，结合我园实际情况和有关部门要求、法律法规，特制定本应急预案。

二、机构和职责

（一）现场指挥部及职责

1. 现场指挥部构成

总指挥：园长

副总指挥：副园长、安管干部

成员：食堂班长、保健班长、食堂人员、保健医

现场指挥部下设5个专业组，分别为抢险救援组、医疗救护组、警戒疏散保卫组、后勤保障组、事故调查及善后处置组。

若总指挥不在时，由副总指挥依次全权负责应急救援指挥工作。总指挥和副总指挥都不在时，由指挥部成员依次全权负责应急救援指挥工作。

2. 现场指挥部职责

（1）总指挥职责

①全面领导幼儿园食品卫生安全工作，根据上级文件精神及幼儿园实际，研究制定工作意见，并对保健室工作提出指导性意见；

②确认发生食物中毒事件后，立即启动本应急预案，负责现场的组织、指挥和调度；

③全面了解事故发生的情况，确保科学、有效、有序疏散，保证幼儿生命安全，并根据现场实际状况及时调整应变措施；

④掌握事故发展的趋势，防止次生事故的发生，及时向上级汇报；

⑤应急救援结束后，宣布应急结束。

（2）副总指挥职责

①组织涉及相关设施的处置；

②调动、协调专业组参与应急救援工作；

③具体负责应急后期处置工作，制定现场恢复的措施，做好现场的保护工作；

④积极配合总指挥工作。

（3）成员职责

①随时关注事态的发展，并严格按照总指挥、副总指挥的指令和要求，积极、冷静、稳妥做好应急救援相关工作；

②配合事故取证、调查等工作；

③完成总指挥、副总指挥交办的其他工作。

（二）专业组构成及职责

1. 抢险救援组

职责：

(1)按照现场指挥部的指令及时采取有效措施控制事故；

(2)配合外部救援力量，提供各种应急救援信息，协助救援；

(3)服从现场指挥部的命令，及时掌握事故动态，及时向现场指挥部报告应急抢救进展情况；

(4)按照指挥部指令做好其他应急工作。

2. 医疗救护组

职责：

(1)尽快向主管领导反映情况，并逐层上报；

(2)尽快将受害人员按反应程度划分等级(轻微、一般、较重、严重)；

(3)判断事情的严重性，必要时拨打120电话求救；

(4)及时向现场指挥部报告受伤害人员的数量、受伤程度、抢救情况等。

3. 警戒疏散保卫组

职责：

(1)划定警戒区域，设立警戒标志，维护现场秩序，严禁无关人员入内；

(2)划定人流、车流、物流路线，保证救援人员、车辆、物资路线畅通无阻，引导外来救援人员、车辆按规定路线进入事故现场。

4. 后勤保障组

职责：

(1)在现场指挥部的指挥下，负责救援物资的供应和运输以及通信通畅，确保救援工作顺利开展；

(2)做好相关物资、器械、车辆的洗消、整理和回收工作；

(3)及时了解事故情况和救援情况，并及时传递相关信息；

(4)根据现场指挥部情况，及时联络增补人员；

(5)及时了解事故情况，随时向现场指挥部报告。

5. 事故调查及善后处置组

职责：

(1)在现场指挥部的领导下，负责做好事故的调查处理工作，妥善处理善后事宜，安抚好幼儿家长或监护人；

(2)事故处理完毕后，认真总结经验，修改完善预案。

6. 应急人员联络方式

应急人员联络方式具体见《应急人员联络方式表》(见表 2-1)。

表 2-1　应急人员联络方式表

序号	应急组织机构组别/职务	姓名	座机	手机	备注
1	现场指挥部/总指挥				
2	现场指挥部/副总指挥				
3	后勤保障组/组长				
4	后勤保障组/组员				
5	后勤保障组组员				
6	事故调查及善后处置组/组长				
7	事故调查及善后处置组/组员				
8	事故调查及善后处置组/组员				

三、报告流程

1. 经由保健室人员确诊后，应立即向指挥部报告；总指挥立即向幼儿园应急救援领导小组报告。报告内容应当包括中毒人数，症状等；

2. 幼儿园应急救援领导小组应当视情况决定是否上报，如需上报，应在30 分钟内，以电话等形式向区教委、相关人民政府及其他上级机构进行口头报告，2 小时内做出简要书面报告，尽可能详细地报告事故的起因及当时状况；

3. 根据中毒情况，由幼儿园应急救援领导小组及时向上级部门进行补报。

四、处置措施

1. 总指挥宣布启动应急预案；

2. 在食品供应过程中或幼儿用餐时发现食品性状可疑或有变质可能时，经确认后，立即撤收处理该批全部食品，第一时间内通知所有幼儿及教职工停止用餐；

3. 在幼儿园范围内树立食品卫生安全意识，时时警惕食物中毒事件的发生，班级老师在幼儿就餐后发现有类似食物中毒可疑病情时，及时报告保健室，由保健室人员初步检查确定，做出以下措施：

(1)观察病情，对症处理；

(2)如确定食物中毒，做好以下工作：

①初步诊断、治疗、护理患病的师幼；

②立即报告幼儿园安全工作领导小组，全园进行紧急排除，通知有疑似中毒现象的幼儿紧急集中到校医室进行临时处理，如中毒幼儿较多，情况紧急，可打120进行送院急救，启动应急预案，采取抢救措施；

③立即向上级有关部门报告；

④收集相关病情信息，协助卫生部门进行事件调查、处理。

4. 幼儿园主管领导立即指挥抢救工作，协调有关单位和部门的抢救。向区教委主管部门报告，指挥以下部门工作：

(1)责令厨师立即停止食品加工、供应活动；

(2)由幼儿园保健医生负责立即向上级卫生部门报告，报告时间距离发病时间不得超过2小时；

(3)保护好现场，封存一切剩余可疑食物及原料、工具、设备，保护好中毒现场和食品留样，防止人为地破坏现场，等候卫生执法部门处理；

(4)班长负责协助校医护理患病幼儿，如发现人数较多，治疗护理在班级进行。对已确定重病师幼负责转送医院治疗；

(5)善后处置工作组做好师幼思想工作，稳定幼儿情绪；负责家长的疏导工作；向新闻部门解释工作；协助幼儿园领导做好善后处理工作；

(6)保健室要深入各班级配合卫生行政部门，做好流行病学调查。向患者了解食物中毒的经过、可疑食品、中毒人数，并预测发展趋势；

(7)后勤组做好后勤保障工作，保障抢救机动车、药品、消毒用品到位，保障抢救中心必需品的供应；

(8)食堂负责人要协助卫生部门做带菌检查和取证工作，按照卫生部门的要求如实提供有关材料和样品。

五、事故责任追究

1. 对导致事故起因的相关责任人进行严肃追究；

2. 对事故瞒报、谎报和不及时上报的行为进行严肃追究；

3. 对事故处理中的玩忽职守、推卸责任等影响应急方案顺利实施的行为进行严肃追究；

4. 相关处置措施可参照本单位相关规定或由现场指挥部根据事故现场情况决定。

（来源：北京市昌平区南口镇中心幼儿园）

【案例 2-9】

幼儿意外伤害应急预案

一、目的和范围

为规范幼儿园应急管理工作，确保在发生幼儿意外伤害事件时，能够及时、准确、有条不紊地控制和降低事件影响，确保幼儿安全，特制定本预案。

二、机构和职责

(一)现场指挥部及职责

1. 现场指挥部构成

总指挥：园长

副总指挥：副园长、保健班长

成员：安管干部、业务干部、保健医及班级教师

现场指挥部下设 2 个专业组，分别为后勤保障组、事故调查及善后处置组。

若总指挥不在时，由副总指挥依次全权负责应急救援指挥工作。总指挥和副总指挥都不在时，由指挥部成员依次全权负责应急救援指挥工作。

2. 现场指挥部职责

(1)总指挥职责

①确认发生幼儿意外伤害事件后，启动应急预案，负责现场的组织、指挥和调度；

②全面了解事件发生的情况，确保科学、有效、有序地处置；

③掌握事件发展的趋势，及时向上级汇报；

④应急救援结束后，宣布应急结束。

(2)副总指挥职责

协助总指挥做好相关应急处置工作。

(3)成员职责

①随时关注事态的发展，并严格按照总指挥、副总指挥的指令和要求，积极、冷静、稳妥做好应急处置相关工作；

②配合事故取证、调查等工作；

③完成总指挥、副总指挥交办的其他工作。

(二)专业组构成及职责

1. 后勤保障组

职责：

①负责保障各项幼儿意外伤害应急救助物资，如：担架、通信器材等；

②负责对受到伤害的幼儿进行紧急救助，必要时拨打120电话求救，配合外部救援力量，提供各种应急救援信息，协助救援，将幼儿伤害降到最低；

③及时了解事件发展情况，随时向现场指挥部报告。

2. 事故调查及善后处置组

职责：

①在现场指挥部的领导下，负责做好幼儿意外伤害事件的调查处理工作，妥善处理善后事宜；

②事件处理完毕后，认真做好事件教训的总结工作，防止类似事件再次发生。

3. 应急人员联络方式

应急人员联络方式具体见表2-1。

三、报告流程

1. 发生幼儿意外伤害事件时，当班教师需在第一时间进行救助，并求助他人到保健室向保健医讲清事故过程，同时上报相关领导。必要时，现场发现人员可以直接向指挥部报告；总指挥立即向幼儿园应急救援领导小组报告。报告内容应当包括事故发生地点、时间以及事件简要经过、现场情况等；

2. 幼儿园应急救援领导小组应当视情况决定是否上报，如需上报，应在30分钟内，以电话等形式向区教委、相关人民政府及其他上级机构进行口头报告，2小时内做出简要书面报告，尽可能详细地报告事件的起因及当时状况；

3. 根据幼儿意外伤害事件调查、分析的情况，由幼儿园应急救援领导小组及时向上级部门进行事件补报。

四、处置措施

1. 总指挥宣布启动应急预案；

2. 现场指挥部立即行动，迅速到达现场，各专业组就位，并根据职责开展工作；

3. 保健医根据事故情况，应立即确定救助方案，并采取合理的急救措施，组织对受伤害的幼儿进行紧急救助，同时应确保应急物资的供应。根据情节严重程度，及时带幼儿到医院进行就医并通知幼儿家长。同时需两人(保健医、带班教师)护送幼儿前往医院进行救治，保证幼儿的安全。医生交代病情，需有家长在场，当面交代清楚；

4. 事故调查及善后处置组应做好幼儿意外伤害事件调查工作，认真分析原因，编制幼儿意外伤害事件调查报告；同时，应做好伤害事件中幼儿家长或监护人的解释和安抚工作，并按照区教委以及国家相关政策妥善处理善后事宜，避免激化任何矛盾。事件处理完毕后，幼儿园要认真做好事件总结工作，防止类似事件再次发生。

教师：及时与家长进行沟通，了解幼儿病情恢复情况。及时以书面形式将事故过程及反思上交主管领导。及时以书面形式向相关领导汇报善后工作情况。

保健医：依照“首诊负责制”(即当班保健医一直负责直至事故处理完毕)的原则，做好事故救助过程工作的记录，及时与家长沟通。可根据了解到的幼儿的病情情况做出相应的建议。保健班长主动了解情况，并向相应领导汇报事故处理情况。

业务干部：及时了解事故处理情况，并向相关领导汇报善后工作情况。

5. 其他情况的处置措施可参照本单位相关规定或由现场指挥部根据幼儿突发疾病的性质等情况决定。

五、注意事项

1. 日常生活中要不断加强教师与幼儿的安全教育，加强安全意识的培养，引导教师及时发现安全隐患因素的存在，教育幼儿树牢自我保护的安全意识，确保活动中的各项安全；

2. 幼儿应学会聆听，在教师的指导，遵守游戏活动规则，不去尝试危险的动作，以防自身或他人生命安全受到威胁。

（来源：北京市昌平区南口镇中心幼儿园）

第三节　安全管理措施

后勤安全管理并不是空说的口号，是靠实际工作的日积月累，是大家在工作中不断完善与自我更新、自我进化的一个实施过程。要想把后勤安全管理工作做好，我们就要注重工作的方式方法及策略。只有安全工作做好了，幼儿园才能更好地持续发展。安全是工作的首要前提，没有安全何谈教育，没有安全何谈发展。为此，对于安全管理的落实就显得尤为重要。

一、如何让安全制度落地

(一)规范管理，贴合实际

安全管理制度是有效预防本单位安全事故发生及明确责任的重要手段，是一切安全工作的根本，是工作的源头、工作的准则、工作的有效管理方法。为此，我们在制定制度时，要始终明确掌握本单位的具体情况，分析原因，制定目标，最终达成效果。

(二)让安全制度深入人心

安全制度要做到人人知晓，且明确岗位安全工作内容以及在执行中应注意的事项，安管干部要对制度执行进行检查与督促。在实践中发现安全问题时，教职工应当及时向有关部门汇报，并且认真分析所发现的问题，以便采取有效的措施。

(三)注重成效，制度落地有声

在安全管理工作开展的过程中，将安全工作融入教职工的日常考核和工作评价中，通过教职工自评、部门评以及领导评的方式，对每名教职工进行安全工作考核，对于出现安全问题的班级或人员，则在当月的月考核中根据情节严重性进行惩罚，对于较重的则会做出部门、全园间的批评，并取消其参与年底考核评优的资格，与师德问题同等对待，实行安全一票否决制，从而大大激发了教职工的责任心与使命感，有效提升了幼儿园安全管理工作的质量与效益。

【案例 2-10】

谁的责任

疫情期间的某一天，食堂水管爆裂，食堂出现积水，多亏值班人员有效巡视，及时发现问题，立即向带班领导进行上报，有效地进行了果断处理，避免了幼儿园财产的不必要损失。与此同时，幼儿园与相关部门主管领导进行沟通，安排相关人员及时到园进行维修，已维护正常使用。但在处理过程中，还是造成个别设备被水淋湿，再检查时出现了使用故障。幸运的是因受疫情影响，幼儿还未返园，未影响到工作进度。

在事件发生后，经幼儿园调查，维修人员在日常工作中能够按照规章制度对园所设备进行检查、维修及保养，并有检查、维修等相关记录证明，不存在工作疏忽或遗漏，所以此次问题的发生不属于工作人员失职，维修人员不用承担任何责任。

这件事充分说明了制定安全管理制度的必要性。它不仅是幼儿园有效管理的基础，也是事故发生后进行责任划分的依据。只有规范化管理才能更好地保障幼儿园的安全稳定。

（来源：北京市昌平区南口镇中心幼儿园　孟丽娟）

二、人员安全管理措施

(一)明确职责，落实到人

做好幼儿园安全工作，重在日常的安全管理，而有效管理的基础是建立分工明确的岗位责任制。幼儿园安全工作缺乏制度保障显然不行，制度如果流于形式，那也仅是一纸空文。分析许多安全事故，相当多的事故不是因为单位缺乏安全防范的制度性规定，而是由于工作疏忽、安全措施落实不到位造成的。这些单位的负责人往往安全风险意识差，在事故发生前麻痹大意，缺乏应有的警觉，制定的安全措施仅仅是为了应付上级的检查，岗位责任分工不明确、落实不到位，往往事故出现以后才追悔莫及。因此，幼儿园必须建立权责分明的安全工作岗位责任制，并通过签署各岗位安全工作责任书狠抓落实。一般幼儿园涉及安全工作的岗位有：副园长、保教主任、保健医、财务人员、电教管理人员、教师、厨师、保安等。

【案例 2-11】

××岗位安全责任书

安全保卫干部岗位安全责任书

为加强幼儿园安全教育和管理工作，牢固树立“安全第一”思想，明确并强化职责是核心，健全并落实制度是保证，狠抓措施落实是关键。对照《中小学岗位安全工作指南》对本岗位的安全职责，落实各项制度措施，切实将安全教育和管理融入幼儿园日常工作的各个环节，确保广大师幼安全，确保幼儿园和谐稳定，特制定此安全责任书。

1. 在园长和分管副园长的领导下，具体负责幼儿园日常安全管理工作。根据幼儿园安全工作计划，制定部门实施细则，定期向分管安全工作副园长汇报幼儿园安全工作情况。

2. 按时参加上级有关部门召开的安全会议并按相关要求，上报幼儿园安全工作计划、总结、报表、材料、信息等。

3. 坚持每天对幼儿园及重点部位进行巡查，发现安全隐患，立即责成有关部门进行整改并启动责任追究制度，规定完成整改的时间。问题严重的要及时向分管副园长汇报，制定详尽的整改方案。建立健全安全隐患排查整改台账，相关负责人及时在记录表上签字。

4. 结合幼儿园安全工作实际，开展治安、消防、交通等幼儿园安全宣传教育。

5. 履行幼儿园日常安全管理和活动安全管理职责，检查督促各部门落实各种活动安全预案及安全措施。

6. 负责幼儿园“三防”(人防、物防、技防)建设，管理安保人员，维护安防设施。

7. 负责幼儿园门卫管理，夜间、节假日值班和巡逻安排，加强对值班人员的管理和检查。

8. 监督相关人员对消防栓、灭火器、报警器、疏散通道等消防设备进行日常检查和维护，保证园内消防器材的完好、有效，确保正常使用。

9. 配合幼儿园安全工作领导小组主动与相关部门联系协调，建立密切的工作关系，做好幼儿园周边环境综合治理。

10. 园内发生安全事故或突发事件，要在第一时间赶到现场，及时向幼儿园安全工作领导小组汇报，并根据应急预案配合指挥组落实报警、抢救、疏散、保护现场、调查取证、信息上报等工作，妥善处理突发事件。

11. 根据有关规定监管相关人员妥善保管视频监控录像资料，并建立资料档案。

12. 聘请消防、治安、交通、卫生等专家开展对师幼的专题安全教育。

13. 完成领导小组交办的其他安全工作。

主管领导(签字)： 责 任 人(签字)：

年 月 日 年 月 日

保教主任岗位安全责任书

为加强幼儿园安全教育和管理工作，牢固树立“安全第一”思想，明确并强化职责是核心，健全并落实制度是保证，狠抓措施落实是关键。对照《中小学岗位安全工作指南》对本岗位的安全职责，落实各项制度措施，切实将安全教育和管理融入幼儿园日常工作的各个环节，确保广大师幼安全，确保幼儿园和谐稳定，特制定此安全责任书。

1. 结合幼儿园安全工作目标和任务，开展幼儿教育教学活动，维护幼儿园教育教学秩序、稳定师幼情绪。

2. 组织落实幼儿园安全工作领导小组安排部署的工作任务，依据部门安全岗位职责，对年级组长和班长开展针对性的安全宣传教育和培训，指导年级和班级开展丰富多彩的安全教育和演练活动。

3. 根据安全工作计划，定期组织年级主任和班长进行幼儿园安全隐患自查互查活动，跟踪每节活动幼儿异动情况，增强年级组长和班长的安全意识，落实安全责任。

4. 积极开展家委会工作，请家委会成员协助做好幼儿安全工作。

5. 幼儿园组织大型集体活动时，做好教育活动安全预案和活动前师幼安全教育工作。

6. 利用升旗、集中教育等时间，开展幼儿安全教育。

7. 通过网络等宣传途径对师幼开展安全宣传教育。

8. 通过家长会、家长信、短信等多种形式向家长宣传安全知识，提出安全要求，发挥家长对幼儿安全工作的主体作用。

9. 做好安全教育、家长接待、事故处理及相关材料的整理归档。

10. 负责卫生、防疫安全工作。

11. 完成领导小组交办的其他安全工作。

主管领导(签字)：　　　　　　　　　　　　责 任 人(签字)：

年　月　日　　　　　　　　　　　　　　　年　月　日

财务人员岗位安全责任书

为加强幼儿园安全教育和管理工作，牢固树立“安全第一”思想，明确并强化职责是核心，健全并落实制度是保证，狠抓措施落实是关键。对照《中小学岗位安全工作指南》对本岗位的安全职责，落实各项制度措施，切实将安全教育和管理融入幼儿园日常工作的各个环节，确保广大师幼安全，确保幼儿园和谐稳定，特制定此安全责任书。

1. 提高安全防范意识，增强责任心，确保幼儿园财务安全。

2. 加强印章、空白支票的保管和使用安全。空白支票与财务用章分开存放，严格按照财务规定存放现金。

3. 到银行取送款时，大宗款项必须三人以上专车接送，少量款项须两人以上接送。使用安全包，取送款人员必须做到人不离款、款不离身，确保现金和人身安全。

4. 确保幼儿园财务账目、票据保存规范，避免因存放不当受潮损坏。

5. 做好财务室防火、防盗工作，做到人离门锁。

6. 下班时关好水、电、门、窗，确认无安全隐患后方可下班。

主管领导(签字)：　　　　　　　　　　　　责 任 人(签字)：

年　月　日　　　　　　　　　　　　　　　年　月　日

保健医岗位安全责任书

为加强幼儿园安全教育和管理工作，牢固树立“安全第一”思想，明确并强化职责是核心，健全并落实制度是保证，狠抓措施落实是关键。对照《中小学岗位安全工作指南》对本岗位的安全职责，落实各项制度措施，切实将安全教育和管理融入幼儿园日常工作的各个环节，确保广大师幼安全，确保幼儿园和谐稳定，特制定此安全责任书。

1. 作为幼儿园卫生安全工作第一负责人，负责幼儿园的卫生保健和疾病预防工作。

2. 带领各班保育员协助主班教师做好卫生保健工作。

3. 建立各班幼儿健康档案，为有特异体质的幼儿单独建档。

4. 负责幼儿园卫生健康教育工作，积极开展师幼食品卫生、疾病预防及急救常识的培训和教育。

5. 坚持每日查看各班晨(午、晚)检记录，发现异常，及时通知家长并尽快将患病幼儿送正规医院诊治。

6. 负责幼儿卫生保健工作(组织体检、预防接种、喷洒消毒、疾病防控、近视眼和龋齿防治等)，及时处理幼儿常见病，做好治疗登记。

7. 制定幼儿园突发疾病、食物中毒等应急预案，发生突发事件，立即启动应急预案，及时报告相关领导和部门，做好事故处理。

8. 组织全园大扫除和卫生检查，做好卫生评比和成绩公布，督促全园师幼做好公共卫生工作。

9. 定期检查食堂各项安全卫生制度落实情况，并建立检查记录台账。

10. 做好保健室常用物品上报工作，保障供给。使用、维护和管理好幼儿园医疗器械并按有关规定做好器械消毒工作，建立消毒登记档案，加强对废弃物品的安全卫生管理。幼儿园医疗器械必须专人使用，一律不得外借。

11. 完成领导小组交办的其他安全工作。

主管领导(签字)：　　　　　　　　　　　　责 任 人(签字)：

年　月　日　　　　　　　　　　　　年　月　日

维修工岗位安全责任书

为加强幼儿园安全教育和管理工作，牢固树立“安全第一”思想，明确并强化职责是核心，健全并落实制度是保证，狠抓措施落实是关键。对照《中小学岗位安全工作指南》对本岗位的安全职责，落实各项制度措施，切实将安全教育和管理融入幼儿园日常工作的各个环节，确保广大师幼安全，确保幼儿园和谐稳定，特制定此安全责任书。

1. 持证上岗，严格按照操作规程作业。

2. 每天检查配电室、幼儿园照明等设施设备，确保用电安全，及时供给和运行。

3. 落实水电安全隐患排查制度。严防电路漏电、短路、电线老化、超负荷等不安全因素，规范用电管理，发现隐患及时整改、维修和报告。

4. 安装园内用电设备必须佩戴安全帽，符合操作规程，不许带电作业。

5. 对园内所有用电电器、用电线路发现问题及时报告幼儿园领导，及时处理。

6. 对园内需重新安装用电电器或更换电器设备必须请示领导批准后方可操作，否则不许安装。

7. 因违规操作或人为事故造成损失，毁坏设备、电器，幼儿园有权追究责任人，赔偿损失。

8. 对幼儿园重点用电场所(多媒体教室、班级插座和电灯、幼儿园和楼道路灯)，要重点检查、维修，每周一次。

9. 对园内涉及人身安全的用电线路、用电器需要安装明显的警示标志。

10. 完成领导小组交办的其他安全工作。

主管领导(签字)：　　　　　　　　　　　　责 任 人(签字)：

年　月　日　　　　　　　　　　　　年　月　日

保安岗位安全责任书

为加强幼儿园安全教育和管理工作，牢固树立“安全第一”思想，明确并强化职责是核心，健全并落实制度是保证，狠抓措施落实是关键。对照《中小学岗位安全工作指南》对本岗位的安全职责，落实各项制度措施，切实将安全教育和管理融入幼儿园日常工作的各个环节，确保广大师幼安全，确保幼儿园和谐稳定，特制定此安全责任书。

1. 熟悉值勤岗位区域内的地形、地物，了解值勤岗位区域内的消防设施分布和使用，掌握报警方法。

2. 掌握保安业务知识，熟悉幼儿园各项安全管理制度。

3. 严守岗位职责和工作规程，爱护通信器材和物防设备。维护值勤岗位区域内的正常秩序、疏导交通。

4. 及时发现值勤岗位区域的各类安全隐患并上报。

5. 果断处理值勤中发现的问题，发现可疑人、事、物或其他治安信息，应及时盘查或监控，并上报保安班长或相关领导。必要时，启动报警器或向110报警。

6. 制止师幼各种不安全或易造成伤害的行为，发生违章或不服从管理者，应婉言劝阻并妥善处理，不听劝阻的，及时上报保安班长解决。

7. 遇有火警或其他紧急情况，应迅速扑救或采取有效措施保护现场，并及时上报保安班长。

8. 建立执勤巡逻和交接班记录台账，做好每日值勤问题记录和交接班记录，要求清楚、准确、属实。

9. 按时参加保安人员工作例会和相关业务培训，认真听讲并做好记录。

10. 工作中遇到疑难问题，应及时上报保安班长，不得擅作主张或隐瞒不报。

11. 在不妨碍保安日常工作的前提下，协助其他部门做好服务工作。

12. 按时完成上级交办的其他安全工作。

主管领导(签字)：　　　　　　　　　责 任 人(签字)：

年　月　日　　　　　　　　　　　　年　月　日

保洁员岗位安全责任书

为加强幼儿园安全教育和管理工作，牢固树立“安全第一”思想，明确并强化职责是核心，健全并落实制度是保证，狠抓措施落实是关键。对照《中小学岗位安全工作指南》对本岗位的安全职责，落实各项制度措施，切实将安全教育和管理融入幼儿园日常工作的各个环节，确保广大师幼安全，确保幼儿园和谐稳定，特制定此安全责任书。

1. 做卫生清洁时设置地面防滑警示标志，卫生用具放置整齐，预防师幼滑倒、绊倒。

2. 清洁用品(洁厕灵、消毒液等)应放在指定地点，禁止将此类用品放置在卫生间等师幼可接触到的地方。

3. 清洁灭火器时，检查是否存在人为动用导致器材失效。如有发现应及时报告相关领导或部门。

4. 保洁工作时应及时检查相关区域内的安全隐患(尤其是卫生间)，如有异常，应及时报告相关领导或部门。

5. 完成领导小组交办的其他安全工作。

主管领导(签字)：　　　　　　　　责 任 人(签字)：

年　月　日　　　　　　　　年　月　日

(来源：北京市昌平区南口镇中心幼儿园)

一般来说，幼儿园园长是幼儿园安全工作的第一责任人，园长必须亲自抓幼儿园的安全工作，幼儿园的安全工作要放在幼儿园重要议事日程，定期分析幼儿园的安全问题，杜绝各种危害幼儿园的安全隐患，同时根据幼儿园安全制度的规定，进一步明确幼儿园的岗位责任，将岗位责任逐条细化，落实到人，并且要签订岗位责任书，建立覆盖所有工作的安全保障体系，进行规范化管理，提高管理水平，做到人人都关心幼儿园安全工作，成为幼儿园安全工作的参与者、宣传者、管理者，形成一支幼儿园安全工作的常规队伍。

【案例 2-12】

责任划分，明确到人

为实行规范化、精细化管理，幼儿园针对不同部门、不同工作进行了详细划分，使得全园各项工作能够落地有声，责任到人。如对食堂操作间内的大型机械设备进行明确划分，使每个机器都有专门负责的厨师进行管理；对于幼儿园的消防设备、设施明确负责的部门，设专门的管理、检查、负责人员等。在对应的设备设施旁边粘贴标识牌，明确责任的落实者(见图 2-5 及图 2-6)。

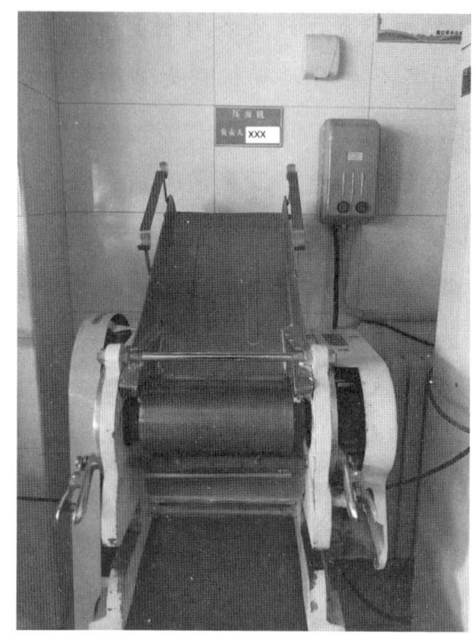

图 2-5 食堂操作间设备落实到厨师

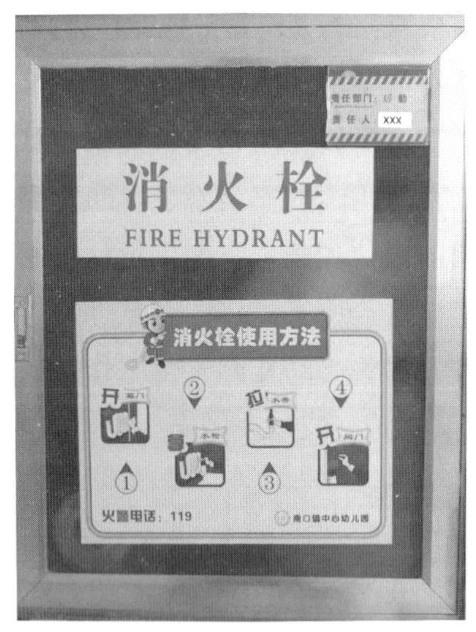

图 2-6 消防栓负责部门及人员

（来源：北京市昌平区南口镇中心幼儿园）

（二）定期检查，排除隐患

幼儿园严格落实平安校园建设标准，明确专人负责本单位安管工作，并成立安全保卫组，定期开展幼儿园安全大检查，包括组织幼儿进行安全教育

表 2-2　保安巡查记录表示例

年　　月每日巡查情况记录表

日期	园所周边是否存在安全隐患	监控设施是否正常	消防中控有无报警	井盖是否损坏、移位	班级教室、门前照明灯下班后是否关闭	无人时园所的门、窗、水、电、空调是否锁好、关闭	水管、暖气有无滴漏跑水现象	重点部位6次巡查情况	其他隐患	采取的措施	巡查员签字

活动的落实情况、安全防范措施的执行情况、幼儿园安全环境定期评估情况、安全事故处理情况等等。通过检查查找幼儿园安全工作的漏洞和事故隐患，及时发现工作中暴露出来的问题，寻找解决问题的对策，认真总结幼儿园安全工作的经验，不断改进幼儿园安全工作的过程管理，提高幼儿园安全工作的管理水平(见表 2-2)。

根据办园规模，单位以幼儿人数为准，500 人以下配备 6 名保安员，500 人以上 1000 人以下配备 8 名保安员，1000 人以上配备 12 名保安员；每 100 名幼儿配备 1 名保健医，50 名幼儿配备 1 名厨师，以确保幼儿园工作的正常运行及安全稳定。

此外，幼儿园要建立安全工作通报制度，安管干部要加强与属地政府、村、社区和公安机关的联系，形成群防群治格局，整合各方力量为幼儿筑起牢固的安全屏障。

(三)夯实基础，有效实施

充分发挥幼儿园对安管干部的工作要求，安管干部每年根据幼儿园工作制订符合实际的安全工作计划，定期组织园内安全联防队、各应急小组负责人、成员、全体教职工及保安人员开展有针对性的安全教育及演练活动，通过理论、案例和实练不断提升幼儿园总体安全防范能力以及应变能力，有效增强教职工在面对安全事故时的应对能力。

加强对保安及值班人员管理，强调巡查的必要性和实效性。保安员要根据幼儿园规定，按照园内设定的巡查点按时、按序进行巡更，确保巡视无遗漏。值班人员要在接班、值班时进行有效巡视，发现问题及时按流程进行上报，把隐患提前解决，以免造成不必要的安全事故，真正确保幼儿园内的安全稳定(见表 2-3 及表 2-4)。

表 2-3　幼儿园(白班)值班情况记录表

值班时间：　　月　　日　（上午　　点—下午　　点）

班级及园所安全巡查记录	上午巡查时间及情况(两次)	下午巡查时间及情况(两次)
1. 来电 2. 监控图像 3. 来访		

续表

当日园内主要情况	
当日所有来访人员及教师签字（含在园教师和工作人员）	

值班领导：　　　　　　　　　　　　　　　　值班教师签字：

表 2-4　幼儿园(夜班)值班记录表

值班人		值班时间	
到岗时间		离岗时间	
楼外巡查(至少三次)时间及情况		楼内巡查(至少三次)时间及情况	
1. 如遇雨天户外玩具遮雨棚是否打开： 2. 如遇大风户外玩具遮雨棚是否收起： 三次巡查情况：		1. 备课室电脑是否关闭： 2. 监控图像是否清晰： 3. 有无来电(来电情况)： 4. 消毒灯是否开、关(周二)： 5. 教室等电源是否关闭： 三次巡查情况：	

三、设备设施安全管理措施

(一)规范化管理，充分发挥技防、物防的安全保障作用

在园内有效位置安装技防监控设施，确保视频监控全覆盖、无死角，24 小时图像清晰，室内监控确保 30 天完整内容的留存，大门口等重点部位监控确保 90 天完整内容的留存。监控视频交由专人进行管理，每天不定时对监控设施运行情况进行检查，定期进行设备的维修与排查；如出现需调用监控进行问题排查时，则必须严格执行调取监控申请手续，由主管领导及园长签字后方可在管理人员的陪同下进行查看或备取(见表 2-5)。

【案例 2-13】

幼儿园视频监控安全检查制度

1. 监控室负责人要按照规定每日对监控室进行检查，认真查看设备运行是否正常，发现问题及时解决或上报有关领导进行处理。

2. 监控负责人应严格按照操作流程对监控系统进行操作，不得随意修改系统设置。

3. 监控负责人除定期的安全检查与设备维护外，还要及时发现可疑问题的存在，发现涉及公共安全的可疑信息要及时向园领导汇报，再由园领导向区教委及属地公安机关报告。

4. 监控负责人须积极配合行政主管部门管理或公安机关、国家安全机关依法、依规查询调用。

5. 监控负责人要确保微机储存、显示等有关监控数据、资料的准确性，确保视频在规定的存储期限内，且时间差控制在 3 分钟以内。

（来源：北京市昌平区南口镇中心幼儿园）

【案例 2-14】

视频监控管理制度

根据市委、市公安局及区委、区教委有关监控系统管理的工作要求，为了确保我园安全技术防控设施的完好运行，维护园所良好治安秩序，及早发现并处置突发事件，认真做好安全技术防控设施的使用与管理，结合幼儿园工作实际，特制定以下制度：

1. 监控室监管全园监控设备的正常使用及存储。监控系统由专人负责维护。园长有权对监控室进行检查、监督。

2. 幼儿园要严格按照规定期限留存图像信息，不得擅自删改、破坏留存期限内的图像信息的原始数据。

3. 监控负责人负责全园视频监控的安全使用记录及调取，发现异常情况必须及时汇报(调取视频需由园长签字并在安管员与负责人同时在场的情况下方可执行)。

4. 幼儿园监控负责人要遵守图像信息的使用、保密制度，不得擅自提供、传播图像信息，对涉及教职工、幼儿个人隐私的图像信息予以保密，严格按规定步骤进行操作，密切注意监控设备运行状况，保证监控设备安全有序，不得无故中断监控，删除监控资料。

5. 监控负责人要坚持每天对视频监控进行安全检查，做好设备的维护和保养，发现问题及时进行处理，或向主管领导进行汇报寻求解决措施。

6. 幼儿园值班人员要遵守视频监控的保密制度和监看制度，不得擅自提供、传播图像信息，对涉及教职工、幼儿个人隐私的图像信息予以保密，认真落实值班要求，确保监控效果；如发现可疑信息第一时间上报园领导，再由园领导上报区教委及属地公安机关。

7. 严禁非监控人员进入监控室，除园内规定使用监控人员外，不得向其他人员提供查看监控录像或调阅有关资料，如需查看相关资料必须经园长同意，填写监控信息图像查看记录申请表方可查阅。

8. 严禁携带易燃、易爆、有毒的物品进入控制室，严禁携带食品进入监控室，室内严禁烟火，水杯应放置在远离电器设备的地方。

9. 监控人员或专业维护人员要定期对监控系统进行病毒检测，发现问题立即向负责人汇报，及时解决。

（来源：北京市昌平区南口镇中心幼儿园）

【案例 2-15】

幼儿园视频监控信息使用登记制度

为严格规范幼儿园视频监控系统的管理，确保幼儿园视频监控的安全及对涉及教职工、幼儿个人隐私的图像信息等相关内容的保密，结合幼儿园工作实际，特制定以下制度：

1. 幼儿园视频监控由专人负责管理。

2. 非监控负责人不得随意进入监控室，师幼员工、观访者和外来人员需到监控室查看资料和情况必须经园领导同意后方可在监控负责人的陪同下进入监控室查看。

3. 幼儿园及幼儿园监控负责人应按照规定对监控系统进行使用及存储管理。

4. 查看、调取视频图像必须经园长签字批准，并且在安管员及监控负责人及相关人员同时在场情况下，方可进行调看。幼儿园保安人员不能调看教学区视频。

5. 监控负责人要严格按照规定执行幼儿园视频监控查看、调取规定，并做好图像信息使用登记管理工作。

（来源：北京市昌平区南口镇中心幼儿园）

表 2-5　调阅监控录像申请表

<table>
<tr><td>申请人</td><td></td><td>班级/科室</td><td></td><td>申请日期</td><td></td></tr>
<tr><td>陪同人员</td><td></td><td colspan="2">是否需要进入中控室
（控制室负责人填写）</td><td colspan="2"></td></tr>
<tr><td>查询时间段</td><td colspan="5">年　月　日　时　分到　年　月　日　时　分</td></tr>
<tr><td>事态缘由</td><td colspan="5">申请人填写：
监控录像拷贝
□是　□否</td></tr>
<tr><td>主管领导
（意见）</td><td colspan="2"></td><td>园长
（意见）</td><td colspan="2"></td></tr>
<tr><td>查询情况
记录</td><td colspan="5">控制室负责人填写：</td></tr>
<tr><td>申请人进出
中控室时间段</td><td colspan="5">年　月　日　时　分进入　年　月　日　时　分离开</td></tr>
<tr><td>控制室负责人</td><td colspan="2"></td><td>日期/时间</td><td colspan="2"></td></tr>
</table>

幼儿园在园门口重点部位设有防冲撞装置，专门设有独立的门卫室，聘请具有保安从业资格的人员落实幼儿园的安全保卫工作，根据标准配备 6 名保安，保安室内配有 2 把警用钢叉、3 个橡胶警棍、3 个头盔、2 副手套、3 个防刺背心、3 个辣椒喷剂、2 个防爆盾牌，安装了一键报警装置，且门口监控设施齐全，运行正常，内容保存完整具有实效性。所有的物防设备均摆放在门卫室，保安每天早晚执勤，统一着装，穿戴齐全的防护设备，为幼儿园门前的安全防护增强了安保效果。

此外每名保安员在上岗前均要接受幼儿园安管干部及相关人员对他们进行的岗前培训，了解自己的岗位职责，明确自己的工作使命。通过理论学习、实际操作及安全演练等方式帮助他们尽快适应自己的工作岗位，明确了设备的正确使用方法，有效发挥了安全保卫工作职能。

(二)合理规划幼儿园活动场地，让工作安全有序开展

幼儿园根据办园规范，科学、合理地划分活动场地，为幼儿、教师提供有效、安全的室内外活动场地，确保幼儿运动场地宽松，避免出现幼儿拥挤、排队、扎堆等现象。

【案例 2-16】

如何更好地使用幼儿园场地空间

为提升幼儿园的办园质量，提升幼儿的游戏水平和能力发展，结合季节特点，最大限度地满足幼儿活动的需要，幼儿园领导经研究探讨，决定将幼儿园户外场地划分为两部分。在春季开学时，幼儿园将小班幼儿安排在教学楼后进行户外体操，中、大班幼儿在楼前进行，这样既减少了幼儿的等待时间，同时也能充分满足幼儿户外活动的时间。等到体操环节结束后，各班级再按照业务室安排的场地使用时间分配表进行室外活动及游戏。到了 10 月，则根据季节的变化和幼儿的年龄特点，适当地对幼儿户外场地安排进行相对的调整，以确保场地的安全、合理化，充分发挥每一个场地的使用价值。

幼儿园的场地空间是有限的，在任何时候我们都要从安全的角度去看待问题、解决问题，在划分晨间操场地的使用过程中，幼儿园要根据不同年龄幼儿的特点，与环境相结合，对幼儿进行需求的划分。与此同时，在设计园所绿化时，也要选择适宜的位置进行绿化，并选择一些安全性高、没有伤害性、有益于幼儿观察的植物进行种植养护，从多种角度去落实工作，将安全、日常教育及生活实际有机结合，有效促进“一日生活即教育”的工作开展。

（来源：北京市昌平区南口镇中心幼儿园　杨楠）

(三)严格规范幼儿园玩教具采购流程

幼儿园是孩子们生活、成长的乐园，在幼儿 3—6 岁期间，多数都是在幼儿园与老师和小朋友共同度过的。那么如何为幼儿创设安全、舒适的环境呢？这其中包含了很多，有一点尤为重要，那就是幼儿园在采购幼儿玩教具时，

一定要严格规范采购流程，通过正规渠道、手续采买合格的产品，如大型玩具滑梯、钻龙，小型玩具魔尺、布偶，班级拼接玩教具、磁力贴、积木等，都要符合使用标准。具体注意内容包括生产厂家名称、厂址、商标、适用年龄段、执行标准号、维护保养方法、安全警示标语、产品合格证等内容，定期进行检查与维护，确保玩具无损坏、无隐患。

(四)关注细节，从点滴着手

对于新建幼儿园来说，空气质量是否达标，是家长们一致关注的重点。为了确保这一工作的安全，各单位在建设、施工、装修等过程中，必须严格按照规范流程和正规手续进行工程的申报与实施，并与施工方签订相关合同，在竣工、完工后进行工程验收，确认验收达标后，方可投入使用。当然，在准备投入使用前，幼儿园也要聘请相关的专业部门对内在环境空气是否达标进行质量检测，并将空气质量检测结果向幼儿家长进行公示，消除家长的顾虑，以免造成不必要的恐慌，保障幼儿园的合法权益。

(五)合理规划、分布，充分发挥消防安全设备设施作用

根据幼儿园整体环境，合理设置消防器械的摆放部位[灭火器应设置在位置明显，两组(一组两个)灭火器之间距离小于 20 米，便于取用的地点，且不得影响安全疏散]，切实发挥设备的实用性(见图 2-7)。在幼儿园楼内、外按

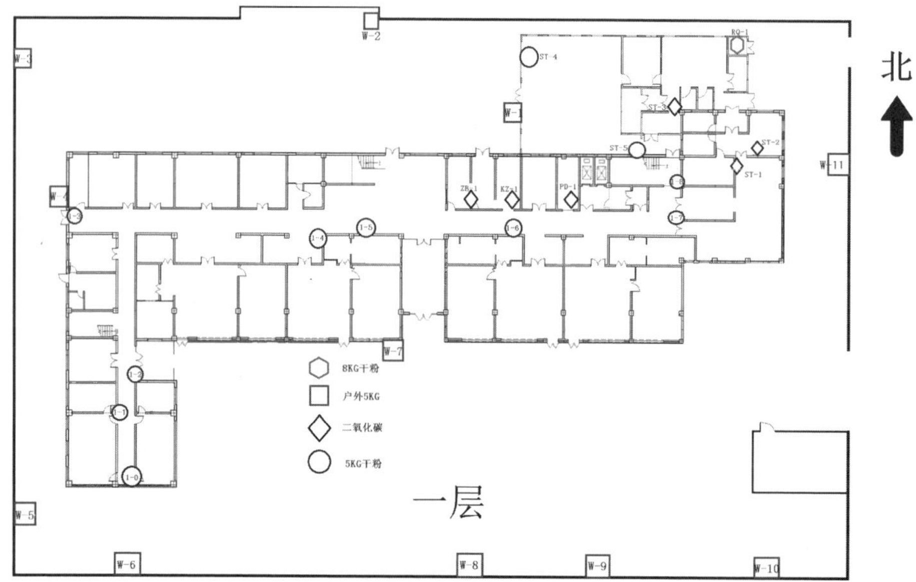

图 2-7 楼层消防设备分布图

消防要求分布灭火器，在食堂、档案室、配电室、控制室、燃气间配备二氧化碳灭火器，其他部位则配备齐全的干粉灭火器。此外，对于灭火器、消火栓、厨房烟感等防火设施，要有专人负责，责令其定期进行安全检查，按时落实消防及用电安全检测工作，确保设施的完好性。如遇火情，确保全园教职工均可正确使用灭火设备进行灭火。

四、安全行为管理措施

幼儿园安全管理就是对幼儿园中一切的人、物及环境因素，在管理、组织和制度落实上采取有力的措施，来控制环境中的不安全因素及人的不安全行为，避免发生安全事故，确保幼儿的生命和健康安全。①

安全是人类生存最基本、最重要的需求。幼儿的安全关系着千家万户的切身利益，不仅牵涉教育、教学稳定，还关系到社会和家庭的稳定，受到社会的广泛关注。安全管理是幼儿园管理工作的重中之重，直接关系到全体幼儿的安全，幼儿园的管理应把幼儿的安全工作放到首位，只有在保证幼儿人身安全的前提下，才能确保保教工作的正常开展及其他各项工作的正常进行。②

根据幼儿园内外环境，结合当前教育方针、政策，有效落实各项安全工作标准，组织开展切实有效的安全工作事宜。

(一)行为责任落实

安全管理作为幼儿园安全工作的主体责任部门，要对全园的安全工作进行统筹规划，与园所管理、保教工作有机融合，制订切实可行的全园安全工作计划，并结合上一年度工作开展落实情况，有目的地制定新一年度的安全工作目标，从而实现整体工作的有效落实。

(二)行为教育落实

安全管理工作负责人应通过多种途径对全园教职工、幼儿及家长开展安全教育、安全宣传、安全培训。如每月开展的全园性安全理论知识教育；结合特定的时间节点利用微信平台、一封信、责任书等方式向教职工、幼儿及

---

① 北京师范大学实验幼儿园：《幼儿园后勤精细化管理》，北京：北京师范大学出版社，2015年版，第137页。

② 北京师范大学实验幼儿园：《幼儿园后勤精细化管理》，北京：北京师范大学出版社，2015年版，第137页。

幼儿家长广泛宣传安全知识及相关法律法规；利用5月12日防震减灾日、11月9日中国消防安全日等特定纪念日，聘请专家到幼儿园为全园进行专题性安全培训。通过讲解、案例分析、实际操作和安全演练等形式，让大家切实感受到身边存在的安全隐患，增强全园教职工、幼儿及家长的安全意识和责任意识等。通过班级每月安全主题教育，定期开展与幼儿生活相关的安全教育，如交通安全常识“一盔一带”、防火安全常识“正确的逃生技巧”、生活常识“认识安全出口指示标”等。

【案例 2-17】

消防逃生帐篷演练

2019年11月18日下午2点30分，为加强消防宣传、营造良好的消防安全环境，普及家庭消防安全知识，强化消防安全意识，幼儿园开展了消防逃生帐篷演练。

活动中，教师及家长带领幼儿用湿毛巾捂住口、鼻，弯腰、低头依次从“消防逃生帐篷”入口进入，并快速从出口撤离，进行了一次真实模拟火灾逃生演练。

本次活动用幼儿易于接受的方式模拟逃生演练，在幼儿心中播撒消防安全的种子，同时磨炼了在紧急情况下临危不惧的意志和品质，真切地让家长、幼儿、老师体验消防安全逃生技能(见图2-8)。

图 2-8　消防逃生帐篷演练

（来源：北京市昌平区南口镇中心幼儿园　孟丽娟）

除此之外，幼儿园与教职工、幼儿家长签订的安全责任书也尤为重要。通过对重要节日安全工作的部署及要求，有针对性地组织教职工和幼儿家长签订安全责任书，再一次正面对教职工及幼儿家长进行了安全知识的宣传教育，并通过此方式来约束他们，提醒他们如何做一名遵纪守法的好公民，为幼儿做好表率，营造正气优良的园所氛围。

（三）行为监控

加强对安保人员（保安、校园联防队）的监督、管理。定期组织开展安全应急演练，以此来检验各人员对工作的落实、对技能的掌握以及对工作流程的熟悉情况（图 2-9 至 2-11）。俗话说，“实践是检验真理的唯一标准”。只有通过不断的演练才能找出工作的不足及改进方向，任何人、任何事都不是一蹴而就的，想要将工作夯实，就必须要不断付出努力。在此期间，监督与管理就是开展工作的必要手段。通过监督，我们可以发现工作中存在的问题，及时有效地进行查漏补缺。通过管理，我们可以有效地提升工作质量。例如预案及处置流程等内容的学习，明确各责任人分工，确保工作落实到人。根据掌握情况，及时开展安全应急演练，细化处置流程，确保各项措施安全有效。

图 2-9　后勤主管领导对保安人员进行灭火器使用培训

图 2-10　幼儿园安全护卫队与保安进行物防设备使用演练

图 2-11　保安之间开展物防设备演练对抗

五、安全应急管理措施

幼儿园园内安全管理是一件非常广泛的工作，它涉及诸多方面，应急管理工作就是其中的一项主要内容。科学有效的幼儿园安全工作应急预案，既能确保应急处置工作有序开展，又能降低幼儿园师幼生命财产安全风险。因此，幼儿园根据国家的法律、法规和政策认真制定并不断修改完善幼儿园各项安全工作应急预案。

(一)安全工作应急预案的内容

幼儿园安全工作应急预案主要包括：防火安全应急预案、防震安全应急预案、防恐安全应急预案、防自然灾害安全应急预案、幼儿园大型活动安全应急预案、交通事故安全应急预案、食物中毒安全应急预案、传染病防控安全应急预案、幼儿意外伤害安全应急预案、防汛安全应急预案、幼儿园外出活动安全应急预案、预防踩踏事故发生安全应急预案等。这些预案的制定、修订和完善，在幼儿园发生突发事件时，能够在第一时间有效地发挥作用，激励教职工果断处置，积极抢救，沉着应对，在本着“先控制，后处置；救人第一，减少损失”的原则下，将突发事件中的人员损伤和财产损失降到最低。

(二)安全工作应急预案的实施

要想达到效果，需做到以下几点：(1)结合幼儿园所处环境及园所实际，认真研究各种可能发生的危险，有针对性地从指导思想、工作原则、指挥协调、疏散通道、医疗救护、事态控制、善后处置、信息上报等方面进行详细应对措施的制定。(2)预案中涉及的处置流程必须清晰明确，责任落实到人，且具有一定的操作性、针对性和实效性。(3)要广泛宣传，组织教职工积极学习，尤其是预案中所涉及的工作人员，一定要明确自己的工作职责，使预案在广大教职工中人尽皆知，熟练掌握。(4)针对预案中涉及的救护知识，由保健医组织开展有针对性的技能培训，如幼儿进餐中被卡喉，海姆立克急救方法的培训；出现碰伤、外表伤口的有效消毒处理等。(5)结合各种应急预案，积极开展各种应急预案演练，让广大教职工能够熟练掌握应急的基本知识和技能，增强自我防范与保护意识，从而有效提高对突发事件的应对与处置能力。

【案例 2-18】

不因小而失大

一天下午户外活动时，中一班幼儿有序地在大型玩具上活动，老师按要求在安全标识附近关注并指导幼儿。忽然一个男孩摔倒了，摔伤了左臂，一名教师负责稳定幼儿情绪，另一名教师通知保健医。保健医初步判断为骨折，于是立即逐级报告各级领导，启动了《幼儿意外伤害应急预案》。按预案要求及时通知家长，并由相关领导和教师一起陪同家长带幼儿就医。医院确诊为左臂桡骨骨折。由于幼儿需要较长时间在家休养，幼儿园承诺如果家长临时不能照看可以送到幼儿园来，将会安排专人看护。班级教师也自觉安排好时间，定期到家中探望，与幼儿一起游戏、玩耍、讲故事、猜谜语。由于及时启动应急预案，处理得当，受伤幼儿得到了及时救治，避免了事态扩大，也得到了家长的理解。

幼儿意外伤害事故会发生在不经意间，不是单纯一个“防”字就能避免的。幼儿园必须在严格管理、积极防范的前提下，制定周密的应急预案，并要求相关人员熟知预案，遇突发事件时能够按照预案执行，确保责任落实到位，不走样。另外，事故发生后要积极主动地做好善后工作，用园领导与教师们的真心与行动取得家长的理解，避免事态扩大造成不良影响。

（来源：北京市昌平区南口镇中心幼儿园　曹杨）

安全管理是幼儿园一切工作的基石，安全管理不仅是一项工作，一项任务，更是一份责任，一项使命，需要我们用真心、细心、爱心去开展、去落实，用我们的实际行动向社会、向家长、向幼儿交出一份满意的答卷！

【拓展阅读】

推荐图书：

张春炬、李芳：《幼儿园安全管理策略》，中国轻工业出版社，2017 年版。

推荐理由：

幼儿的安全牵动着无数人的心，历来是社会普遍关注的问题。做好幼儿园安全工作，保护孩子的安全，更是每一个幼儿园教职工的神圣职责。该书系统而全面地阐述了幼儿园安全管理工作，是一本为幼儿园教师、幼儿园管理者量身定做的安全管理指导用书。书中以河北省保定市青年路幼儿园的安全管理体系为例，全面介绍了科学、合理地做好幼儿园安全工作的方法。主要介绍了幼儿园教育教学安全管理、幼儿园安全管理、幼儿心理安全管理和幼儿园常见事故应对方法与策略，涉及幼儿园安全管理的各个方面和环节。以案例呈现的方式，解读幼儿园安全管理工作中的“安全点”，给出了幼儿园安全管理中预防和处理各种问题的实用策略，方便幼儿园教师和幼儿园管理者学习借鉴。

【本章小结】

渴求幼儿健康、期望幼儿平安是全社会、家庭、幼儿园的共同愿望。《幼儿园教育指导纲要(试行)》指出："幼儿园必须把保护幼儿的生命和促进幼儿的健康放在工作的首位"。幼儿的安全和健康是关系到千万家庭幸福和社会稳定的大事，确保儿童安全健康发展，是幼儿园应尽的义务，更是关系着社会的稳定大局。本章以幼儿园安全工作实际为基点，讲述了后勤安全工作的原则、内容和方法。以点带面，引起大家思考，共同做好幼儿园安全工作，确保园所安全，师幼安全，办人民满意的幼儿园。

【讨论与思考】

1. 安全是幼儿园工作的重中之重，你在工作中遇到过哪些困惑？是如何有效解决的？

2. 幼儿园安全工作虽然说是"一把手工程"，园长是第一责任人，但作为主管安全的中层干部如何让园长做"选择题"？如何把我们的工作做得更有实效性？

第三章　环境管理
——不仅是场地的干净整洁

【本章要点】

- 了解环境管理的基本特点和原则；
- 感受环境管理工作的重要价值，树立职业自信；
- 立足环境管理工作内容，开展有温度的、规范到位的环境管理。

【本章关键词】

环境管理；特点；措施；安全

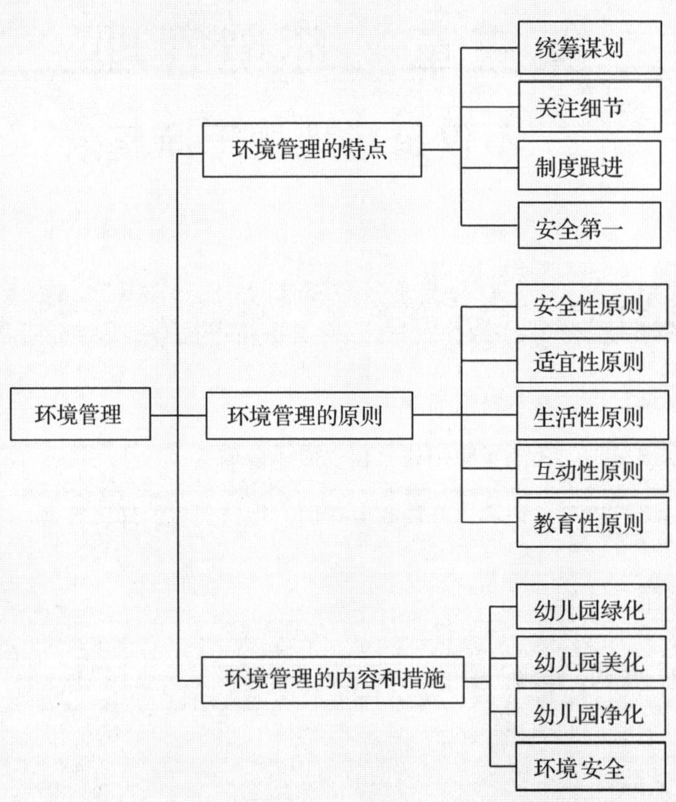
环境管理
环境管理的特点
统筹谋划
关注细节
制度跟进
安全第一
环境管理的原则
安全性原则
适宜性原则
生活性原则
互动性原则
教育性原则
环境管理的内容和措施
幼儿园绿化
幼儿园美化
幼儿园净化
环境安全

环境是相对于某一事物来说的，是指围绕着某一事物并对该事物产生某些影响的所有外界事物，即指相对并相关于某项中心事物的周围事物。我们通常所说的环境指的是人类的环境，一般分为自然环境与社会环境。

关于管理的概念，亨利·法约尔在《工业管理与一般管理》一书中给出了管理概念。他认为，管理是所有的人类组织都有的一种活动，这种活动包含五个要素，即计划、组织、指挥、协调和控制。因此，环境管理的基本含义就是运用经济、法律、技术、行政、教育等手段，对人们的社会活动进行调整与控制。①

环境管理的本质其实就是管理人的行为，而学校的教育功能恰恰能够体现环境管理的本质所在。② 20 世纪后半叶，随着环境问题的日益加剧，教育在改变人们观念、解决环境问题中所起的作用越来越受到重视，从此包括中国在内的多个国家开始关注学校环境管理。学前教育是基础教育的关键阶段，幼儿园是学前儿童日常生活和学习的重要场所，其空间环境可以支持或阻碍人员的所有互动行为。因此，为保证幼儿和工作人员的健康成长和生活，维持教育方案所需空间，促进人们互动能力，幼儿园对园所空间和设备材料进行的规划和使用被称为幼儿园环境管理。

第一节 环境管理的特点

学前期是儿童长身体、发展智力、形成人格的关键时期，根据皮亚杰认知发展阶段的观点，儿童认知的发展是通过同化、顺应、不平衡、平衡、再平衡的过程而实现的，他们是在与环境的相互作用中成长和发展的，他们离不开环境，周围环境中的任何事物都有可能引起儿童认知内部的“不平衡”，儿童会利用自己已有的经验去同化和探索当前的新情况，从而建构起某种新的意义体系，获得发展。

《幼儿园教育指导纲要(试行)》也明确指出，“环境是重要的教育资源，应通过环境的创设和利用，有效地促进幼儿的发展”，“幼儿园应为幼儿提供健

---

① 陈南、曾红鹰、常向阳等：《学校环境管理及其实施策略》，《中国现代教育装备》，2009 年第 10 期。

② 陈南：《学校环境管理的概念、方法及新思路》，《环境教育》，2002 年第 5 期。

康、丰富的生活和活动环境，满足他们多方面发展的需要，使他们在快乐的童年生活中获得有益于身心发展的经验”。由此可见，幼儿园的环境既有一线保教人员为幼儿创设的教室、睡眠室、楼道等活动环境，还有幼儿园后勤保障人员为幼儿健康成长创设和利用的生活大环境。

幼儿园作为学前教育实施的主要场所，它的环境管理不仅具有学校环境管理的一般特点，还表现出了幼儿园阶段的独特性。

一、统筹谋划

统筹谋划能力是领导干部必备的一项能力素质，也是幼儿园这个特殊的教育阶段进行环境管理的一个重要特点和要求。在幼儿园环境管理的过程中，只有不断提高统筹谋划能力、讲究统筹谋划艺术，牢固树立整体发展的思想理论和管理理念，对环境设置和管理工作做到统筹规划、统一筹划和精心谋划，才能制定科学的管理目标，通过科学的管理行为，最终有效地解决环境管理中的矛盾问题，提高幼儿园环境创设的合理性和有效性。

幼儿园普遍存在场地狭小、安全性要求高、资金紧张的问题。因此，后勤管理人员需要在进行环境管理时具有统筹意识，巧妙运用空间，达到最大化地场地资源利用。

【案例 3-1】

不合比例的滑梯

暑假即将开始，幼儿园又开始利用幼儿不在园的时间做一些修缮改造工程，这次进行的是地面改造，准备在坑洼不平的操场上铺设防腐木。7 月中旬，施工人员进场，一个暑假按时完工。但是幼儿园在验收时，总觉得整个操场哪里不对劲，看着质量上乘的防腐木地板有一种说不出的感觉。反复查找原因，终于发现，操场新添置的大型玩具——滑梯，在操场地面抬高 10 厘米后，造成滑梯相对变矮，整体比例显示不合理，影响了整体视觉效果。究其原因，是因为在地面改造前，设计工作人员在实地踏勘时，幼儿园还没有安装滑梯，因此，施工方案就没有考虑滑梯存在的问题。安装木地板需要打龙骨找平地面，结果抬高的 10 厘米地面，造成滑梯像放到“坑”里的感觉。

没有统筹谋划，成为这次操场改造的一大遗憾。

（来源：北京市通州区幼儿园　张海燕）

二、关注细节

幼儿园是3—6岁幼儿主要的生活和学习场所，这也决定了环境管理必须要关注细节。苏联教育家苏霍姆林斯基曾说过，要"让学校的每一面墙都会说话"，幼儿园环境管理不仅要将着眼点放在幼儿能够看得见、摸得着的任何地方，还要关注到能够在潜移默化中影响幼儿的任何情境因素。细节决定成败，关注影响幼儿的一切环境，通过有效管理，才能为幼儿提供安全、适宜的成长基地。

【案例3-2】

放被子的地垫

每个月一次，幼儿园小朋友的家长都会将带回家洗干净的被子重新送到幼儿园。因为防疫要求，2020年9月，家长不能再像往常一样将被子直接送到幼儿班级的小床上，而是需要将被子先放置在幼儿园门口，再由幼儿园的教职员工将被子一个个拎着送到班里。一个小小的改变，引起了干部教师的重视，一线和后勤人员特意召开会议，讨论可能存在的问题及解决方案。于是，9月1日，家长送被子的第一天早晨，幼儿园的后勤人员早早来到幼儿园，在门口铺上了干净的地垫或毯子，并在明显位置张贴了班级名称，家长看到幼儿园这么周全的安排，个个交口称赞。

（来源：北京市通州区幼儿园　张海燕）

这个小小的举措告诉我们：后勤环境管理要关注细节。这个细节需要站在幼儿的角度去思考，我们的幼儿需要什么，幼儿需要什么样的服务或者环境。上面这个案例中，一块铺在地上的小小地垫，实际在传递一种理念、一种信息，即：幼儿家长的担心就是我们的担心，幼儿的需要就是我们工作的内容和重点。装被子的布袋子若直接放在地上，当我们将被子送到班里时，一些细菌就会随之带入班级，可能会造成幼儿的学习环境不洁净，幼儿可能就会生病。幼儿需要安全、干净、整洁的活动空间和生活环境、设施，我们就要从每一个细节入手，成为幼儿的保护神，为幼儿提供最优质的服务！

三、制度跟进

制度就是规程，是一个社会组织或团体中要求其成员共同遵守并必须按程序办事的规程，是一种行为规范。俗话说，“没有规矩，不成方圆”。规矩就是规章制度，它保证了良好的秩序，是各项事业成功的重要保证。对于幼儿园环境管理来说，依然要注重相关管理制度的设置和人员的遵循情况，只有在管理工作中真正地落实制度，真正地拿起制度的“墨绳”，环境管理才能更规范，环境设置才能更科学，才能真正地促进幼儿的全面发展。

【案例 3-3】

油腻腻的地面

一天下午，正在食堂操作间忙碌的师傅，一不小心，脚下一滑，右手没撑住，一下子摔倒在地上，送到医院检查，诊断为右手手腕骨折。幼儿园后勤领导一边赶快补充食堂的工作人员，一边查找问题的根源。经过调看录像及实地探查，发现这次事故是食堂师傅鞋底太滑、厨房地面油污太多未及时清理的问题。那油腻腻的地面，让食堂工作人员常常脚下不稳。

（来源：北京市通州区幼儿园　张海燕）

这个案例告诉我们，厨房的师傅摔倒看似是一个意外，从表面看可能是因为鞋底太滑或厨房地面油污未及时清理。但是，仔细深入分析我们会发现，幼儿园在管理中没有明确规定厨师着装要求，没有食堂地面清洁标准和流程，没有将食堂地面清洁及厨师着装作为检查评价的重点，才发生这样的事情。因此，为避免再次发生摔倒的意外，幼儿园相继制定了食堂地面清洁规范、食堂操作人员服装穿戴要求等制度，规定清洁地面时间、次数，使用清洁剂清洁，清洁的标准、服装鞋帽的穿戴规范、检查结果的使用等，并加强检查。管理制度的跟进，使幼儿园食堂再没有发生人员摔伤的问题。

四、安全第一

幼儿园的安全工作是幼儿园各项工作的首要任务，也是顺利开展其他一切工作的前提和基础，安全工作不能有一丝松懈。安全第一是幼儿园环境管理的首位工作，任何的环境管理工作都要以保障幼儿安全为根本出发点，在此基础上进行制度制定、办法施行和成果完善。

【案例 3-4】

喷药杀虫“我”来定！

某周三后勤人员检查幼儿园院里的几棵树时，发现有的树叶只剩下网格状叶脉没有了叶肉，咨询专业人员才知道，原来是树长虫子了，需要立即喷药杀虫。但是，后勤人员并没有立即实施而是将喷药时间定在周六进行。一问缘由，原来他们担心喷洒的杀虫药在空气中弥漫，会对幼儿产生身体的伤害；再有杀虫药滞留树叶表面后，如果幼儿活动时不小心触碰，还可能造成微中毒。本着后勤工作安全第一的原则，后勤人员特意将喷药杀虫的时间定在幼儿不在园的周六。周六喷洒药物，可以让药物滞留植物表面一天，待到幼儿入园前，后勤人员统一用水喷洒杀过虫的树木，解决了药液大量滞留植物表面的问题。

（来源：北京市通州区幼儿园　张海燕）

这个案例告诉我们：安全，要永远放在工作的第一位。幼儿稚嫩的生命，需要成人的精心呵护。一个小小的杀虫作业，一个选择杀虫剂的环节，后勤人员都要提前考虑：喷洒的药液在环境中存留的时间是多少？哪些是幼儿园才能使用的杀虫药？杀虫药对幼儿的身体是否会产生不良影响？在喷药的时间安排上，后勤人员要考虑：什么时候喷药对幼儿的伤害或者说影响最小？药液停留在树叶上时，幼儿触碰是否会对幼儿产生伤害？每做一件事都提前考虑好这些问题，幼儿的生命安全才会有保障。

第二节　环境管理的原则

一、安全性原则

安全性原则指的是在幼儿园环境管理的过程中，一定要把保障幼儿安全为根本出发点，把保护幼儿生命、促进幼儿健康放在工作首位。在我们的工作中，为幼儿提供安全的学习生活环境，一直是幼儿园环境管理的中心工作。

【案例 3-5】

地垫的缝隙

一个阳光明媚的下午，蒋老师正带着班里的幼儿在幼儿园操场上做游戏，操场上一片欢声笑语。忽听“哎哟”一声，蒋老师一屁股坐在了地上，双手抱着右脚痛苦地呻吟着。保健医第一时间来到现场，见问题严重，马上将蒋老师送到医院，医生拍X光片诊断——右脚腕骨折。

这么严重的后果让幼儿园领导不敢相信，觉得幼儿园操场已经铺上了厚厚的橡胶地垫，不太可能在师生活动时发生摔跤骨折的危险。带着疑问，大家调看了录像，一下子发现了端倪。原来，原本新铺的橡胶地垫，因为热胀冷缩以及幼儿活动量的增大，每块小地垫的衔接不再紧密，出现许多小小的缝隙，老师在做示范动作小兔跳时，脚正好踩在了橡胶地垫中一指宽的缝隙里，结果导致了骨折。

（来源：北京市通州区幼儿园　张海燕）

【案例 3-6】

扎手的小刺

九月，刚刚入学不久，有一天，一个中班的小朋友从户外回来，举着小手说：“疼！”老师立刻紧张起来，仔细查看，发现幼儿的小手上扎了一根小小的木刺，老师赶快带他到幼儿园保健室，请保健医帮着把刺挑了出来。

哪里来的小刺呢？后勤人员绕着幼儿活动场地仔细检查，发现操场上安装的大型攀爬木质玩具是元凶。玩具有的地方漆皮脱落，上面有许多小小的毛刺。晚上家长来接，教师向家长汇报了幼儿园发生的木刺扎手一事，并为没有照顾好幼儿表示歉意。

（来源：北京市通州区幼儿园　张海燕）

这两个案例告诉我们，后勤人员要具有安全意识，安全检查要及时、到位，发现安全隐患及时整改。木刺扎手事件，暴露了幼儿园后勤人员没有按照工作规范开展工作，在幼儿入园前检查户外大型玩具不细致，发现问题没有及时安排维护等问题。户外活动中教师右脚腕骨折，是因为没有预见橡胶地垫在使用一段时间后产生缝隙的危害，更没有想到一条小缝可能给教师及幼儿带来的运动损伤。

那么，如何在工作中遵循安全性原则呢？

第一，要发现安全隐患点。安全隐患点可以从生活中易出问题处、已发生的事故（如：楼梯拥挤踩踏、幼儿户外活动磕碰伤、校园门口砍伤学生事件、儿童校车安全事故）、身边的安全风险点（安全检查发现的问题）中发现。

第二，采取有针对性的策略。定期巡视检查设备设施；每月统计幼儿磕碰伤的原因，寻找问题；开展台账记录式提示，督促立时整改等活动。

第三，注意日常工作中的细节。要与幼儿园保教人员配合教育幼儿，让幼儿了解设备设施场地的使用方法及安全隐患。在重复发现的隐患中见管理问题。平时注意观察幼儿活动，根据幼儿活动中使用场地或者设备的情况，依据安全性原则做针对性调整，将安全风险降到最低。

安全性原则是幼儿园后勤环境管理的重中之重，办人民满意的教育，需要为幼儿提供安全舒适的环境，后勤管理人员树立安全意识，才能确保师生健康，让教师满意、家长满意、幼儿满意。

二、适宜性原则

适宜性原则指的是幼儿园环境管理的出发点应以幼儿的需求为主，环境管理的最终目的是要为幼儿的身心健康发展提供适宜的环境。环境是幼儿园课程的一部分，创设什么样的活动环境，对幼儿的成长和发展意义重大。

【案例 3-7】

美丽的蔷薇

充满馨香的五月，幼儿园的南墙边开满了漂亮的蔷薇花，一朵朵竞相开放，引得幼儿情不自禁地想用手摸一摸花枝、花叶。忽然，一名幼儿“啊”地大叫一声，老师走近前一看，发现幼儿的手指上有一滴鲜红的血，老师赶紧查看，原来，幼儿看见蔷薇开出漂亮的小花，用手去摘花时扎了手，漂亮的蔷薇花茎上那硬硬的小刺竟是元凶。

（来源：北京市通州区幼儿园　张海燕）

这个案例告诉我们，环境管理中需要进行绿化美化环境，哪些是幼儿园适宜种的植物？什么样的环境能够促进幼儿的身心健康发展？幼儿的多动、好奇、没有危险意识，都将是环境管理中需要考虑的问题。适宜的环境才是最好的环境！

【案例 3-8】

铁栅栏前的风景画

开展垃圾分类活动，需要添置许多垃圾桶，这对美丽校园的设计提出了挑战。一个个红、蓝、绿、灰色的垃圾桶，放在幼儿园的哪个地方都觉得不合适，从桶的数量到桶的色彩都显得特别突兀，尤其幼儿园北侧的院墙是镂空的铁栅栏，家长接送幼儿要沿着栅栏排队，一个个的垃圾桶更是没处安放。为了满足幼儿对美的向往，营造温馨舒适卫生的校园环境，后勤人员在垃圾桶前安装了围栏，用一幅大大的风景画进行围栏装饰。远看，是一幅画，近看，竟是遮蔽垃圾桶的门。幼儿在户外活动时，有绿色植物与风景画相伴；教师在丢垃圾后，有一扇“画门”阻隔不甚美观的垃圾桶。设计的巧妙令人赞叹不已。

（来源：北京市通州区幼儿园　张海燕）

【案例 3-9】

隔区域的矮墙

每天户外活动，都是幼儿最快乐的时刻，他们自主选择游戏设备和玩具，每个幼儿脸上都洋溢着微笑，操场常常成为快乐的海洋。

天气暖和了，因为天冷而闲置的沙水区开始向幼儿开放。教师经常发现，一些别的区的小朋友用小手扒着分隔区域的墙向沙水区眺望，羡慕地看着那里的小朋友玩耍；想从沙水区换区域的小朋友，也手扒着墙，犹豫着是否换区域。每当换区域，小朋友们都需要绕过那段近 30 米长的矮墙。有些幼儿，竟因为换区域绕远而放弃到沙水区活动。一段小小的矮墙，虽然明确地分隔了户外活动区，但是过长而封闭的矮墙，却也限制了幼儿自主选择、流畅活动。

（来源：北京市通州区幼儿园　张海燕）

这两个案例说明，要想创造适宜幼儿活动的环境，每一位教育工作者都要了解幼儿的认知特点，用一颗仁爱之心，从儿童的视角审视我们的管理活动，从幼儿的愉悦度、活动的参与率和流畅度发现环境设计的适宜性。

三、生活性原则

生活性原则指的是幼儿园在进行环境管理的过程中要将目光放在幼儿一日生活的各个环节，从幼儿生活化的环境中找问题、解决问题，最终创设出有利于幼儿身心健康发展的环境。

【案例 3-10】

种植小园地

在幼儿园阳光充足的地方，划出一片片小小的园地用作种植，大小不等、形状不一，在整个园地中还有水源，以及皮管子、小锄头、小铲子等常用工具，园地里种上了各种各样的小苗，经常看到幼儿和老师一起为小苗除草、捉虫、施肥。秋天到了，也会看到幼儿兴奋地提着小篮子采摘果实，收拾整理园地，分享收获的快乐。看到幼儿开心的样子，以及在种植活动中精心照顾小苗、学着处理种植中遇到的问题，每个人都有一种参与的冲动。一块小小的种植园地，见证了幼儿对劳动的理解、在劳动中成长以及体验劳动的快乐。

（来源：北京市通州区幼儿园　张海燕）

这个案例告诉我们，在环境管理中，要创设幼儿熟悉的活动场地。例如小小菜园、小鱼池、大型的攀爬玩具、摇椅、假山等，幼儿身在其中，能够体验参与的快乐，收获成长的喜悦。

2021 年 3 月，《参考消息》刊登了一篇西班牙《先锋报》网站上题为《幼儿永远不会忘记的七种经历》的文章。文中提到，创造难忘的经历对于儿童的现在和未来都是有益的，儿童永远不会忘记的七种童年经历分别是建个小菜园、建造小屋、设计玩具、照顾动物、在大自然中冒险、家庭采访、枕头大战，因此，幼儿园为幼儿创设的种植小园地，可以在幼儿成长的历程中起到特别深远的影响。

在创设种植园地这种生活场景时，我们要思考幼儿在菜园中活动，可能出现的问题在哪里，提供什么样的场地或者设施可以帮助幼儿解决活动中的问题、引发幼儿积极思考。在场地设计、工具投放时，要巧妙地暗示幼儿可以借助这些工具开垦园地、照顾小花小草，认识种植工具，体验使用的方法等，让幼儿最大限度地获得劳动的体验。这样的环境管理才有意义。

四、互动性原则

幼儿好动，好奇心强，幼儿园创设的环境需要根据幼儿的特点，巧妙融进适合幼儿互动的内容，才能够让幼儿园富有童趣，激发幼儿的潜力。环境管理的互动性原则指的是幼儿园环境管理以幼儿为本，强调幼儿的主体性，增加与幼儿的联系，充分发挥幼儿在环境管理中的能动性。这不仅是幼儿园领导和教师的事情，还需要幼儿园的后勤人员共同实现。

【案例 3-11】

跳动的音符

涂鸦板旁边，有一排彩色的小铁管，走近一看，原来是一排可以敲响、进行演奏的键盘，旁边还安装了敲击用的橡皮小锤。分散游戏和幼儿来园的时候，许多小朋友都会拿起小锤敲击几下，清脆的叮咚声像极了幼儿欢快的笑声。突然出现的几个小节的乐曲，传递着幼儿对音乐的喜爱，对好奇的一种探究，对乐音的一种大胆尝试。

（来源：北京市通州区幼儿园　张海燕）

【案例 3-12】

转动的水车

户外，小小的水池里面有半池子的水，水池边上有个压水机，一个小朋友用手按压了几下手柄，压水机口流出了清澈的水，并沿着水道静静地流淌着。几个小朋友好奇地追着水的流向看，当水流到水车上，水车慢慢地转动起来时，不断加快的转动，使几个小朋友眼睛里流露出了惊喜，嘴里不自觉地说着“转、转、转”。当水车转动速度变慢的时候，一个小朋友像是发现了什么，立刻跑到远处的压水机旁，用力地按压压水机，水道里流出的水更多了，水车转动更快了。幼儿们快乐地跳了起来！

（来源：北京市通州区幼儿园　张海燕）

这两个案例告诉我们，创设的环境应该适合幼儿，让幼儿能够玩起来，难易适度，能够体验付出就有回报的快乐，激发幼儿兴趣，引导幼儿能够持续探究大自然的奥秘，充分发挥环境的功能性、探究性。

五、教育性原则

环境对人的影响毋庸置疑，由于幼儿正处于身心的快速成长期，幼儿对环境的感受更加强烈，园所环境对幼儿的影响更加深远。研究发现，环境可以在潜移默化中影响着幼儿的身心。因此，幼儿园环境管理不只是简单的管理工作，它还是一项重要的教育工作，在实施环境管理时需要特别加强环境教育，不能把二者割裂开，这就是幼儿园环境管理的教育性原则。

【案例 3-13】

树上的小牌牌

春天来了，幼儿园的树上开满了五颜六色的花，一串串的，吸引了每一个路过的人。户外活动的幼儿叽叽喳喳地指着眼前漂亮的小花，大声地问老师："这是什么花呀？它的果子可以吃吗?"可是，因为老师也不认识，半天没说出花的名字。正在犹豫怎么回答，忽然发现一个小朋友顺手摘了一朵，老师赶紧制止，并告诉幼儿这样做是不应该的，幼儿园不允许摘花。

这件事让幼儿园管理后勤工作的老师思考：我们应该怎样做，才能帮助老师成为幼儿的引路人？应该怎样做，让幼儿从一棵棵小树、一簇簇小花中认识植物，丰富植物的知识？怎样创设环境，让幼儿在成长中学会遵守社会规则，懂得爱护花草树木，与大自然和谐共处呢？经过讨论，他们在树上挂上了小牌牌，上面有树名、所属科目，有花的习性、果实的特点，还有的配上了漂亮的图片。在树木和小花中添加了提示语，例如："别掐我的花，好疼！""我怕踩踏！我们是好朋友"等。为了增强互动性，还与班级教师沟通，让家长带着幼儿查阅相关资料，介绍花丛树木的习性、特征，让教师带着幼儿制作提示牌，用幼儿懂的语言提示，形成教育的内化，让幼儿在幼儿园活动中学会欣赏、爱护植物，学会融入大自然，此举得到家长和教师的大力赞赏，再也不怕幼儿提出相关问题了，充分发挥了环境的育人功能。

（来源：北京市通州区幼儿园　张海燕）

第三节　环境管理的内容和措施

在幼儿园管理中，环境管理包含什么？班级的主题墙饰设计和制作、幼儿园的走廊布置是环境，户外设备设施的安置、活动空间的创造性利用、宣传栏的更新维护、校园文化的物化、标志牌的使用方式、整体氛围的营造、校园的环境卫生同样也归为环境。其实，环境管理就是从幼儿园总体环境、每个班级的室内环境与教育活动开展过程中的氛围环境三个方面来实施管理与完善，并努力帮助幼儿在和谐、趣味、温暖、丰富的环境中体验、感受，进而帮助幼儿在幼儿园环境中实现能力、素养的全面提升与完善，是对幼儿活动空间进行创设、装饰、更新、布置的活动。①

本节所说的环境管理是有别于整体大环境的管理，而单指后勤人员需要从事的后勤环境管理活动。从环境保护、学前教育和幼儿园实际出发，管理人员借鉴国内外学校的经验并结合我国社会和教育发展现状，将幼儿园环境管理的内容划分成幼儿园绿化、幼儿园美化、幼儿园净化及环境安全四方面内容。

一、幼儿园绿化

幼儿园绿化管理是园所环境管理的子系统，也是最为重要的部分之一。绿化管理的目的是利用接近大自然的环境来对幼儿进行健康教育、语言教育、科学教育、音乐教育和美学教育。现今在城市的幼儿园中，由于受到场地的限制，大多数幼儿园并没有大片的未经开发的自然场地，那么如何利用有限的自然资源开展幼儿园绿化就是园所绿化管理的工作重点，要想做好这项工作也就必须要解决好以下问题。

1. 如何选择适合幼儿生活的植物进行种植?

幼儿园绿化不是简单地选择几棵树种上就算完成任务，一般种植的目的是遮阴、美化环境、净化空气，还有人用植物实现隔离空间的目的，因此，幼儿园绿化植物的选择很重要。如何选择适合幼儿生活的植物进行种植呢？

---

① 蔡建华：《幼儿园环境管理的有效实施》，《家长》，2019 年第 9 期。

选择植物或者树种的原则：

一是要干净，不能飞毛，不能有落果，病虫害要少。比如，杨柳树、法桐、国槐有飞毛或者落果，就不适合种植在幼儿园中。

二是要开花鲜艳、造型好。比如，龙爪槐、垂枝碧桃、金叶榆、龙柏、元宝枫、马褂木等叶子形状各异、有趣，就很适合幼儿园选择。

三是要有实用功能。比如，选择种植石榴、山楂、海棠等果树，让幼儿观察开花、结果，体验收获、品尝果实，丰富科学常识，培养观察功能、劳动能力。还可以种植葡萄、葫芦，遮阴的同时，还让幼儿体味丰收的喜悦。

四是绿化树木，乔、灌、草、藤多种类兼顾。一般在种植时以花草为主，乔灌木为辅，可以选择树冠大、遮阴效果好的乔木。也可以根据不同季节，选择各类开花灌木点缀。在教学楼后，可以选择阴生植物，如八角金盘、洒金珊瑚等。

五是种植场地乔灌木搭配，大乔木不宜多。比如，乔灌木搭配种植场地边界，以形成天然屏障。如果场地狭小，选择大乔木遮阴不宜过多，灌木更是如此。为避免活动场地大风扬沙，场地的空余地面，一般以铺草为宜。

六是注意不同季节的绿化效果。在植物配置上力求做到三季有花、四季常青，春有花、夏有荫、秋有果、冬有绿。根据花期花色选择开花植物，根据叶子的颜色，选择不同树种。

七是要选择安全树种。严禁种植有毒、有刺激性、带刺、易过敏的植物。例如，可以种植金叶复叶槭、银杏、杜仲等大乔木，这些都是无毒无刺的树种。藤类植物，例如葡萄、紫藤、猕猴桃、奇异莓这些也是无毒品种。有许多幼儿园选择对城市环境适应性特别强，能超强吸收有害气体、抵抗烟尘、隔离噪声、耐干旱、生长迅速、树木高大、绿荫多、叶形美、颜色丰富的法国梧桐进行种植，殊不知法桐的球果有细小的毛毛，毛毛直接飘到人的毛孔里面去，可能在里面断成一节节更小的碎片，以至于皮肤出现瘙痒、过敏等症状。要是飘到鼻腔、呼吸道里，就会造成流鼻涕、咳嗽等症状。因此，一般在幼儿园不选择法桐种植。

八是注意安全种植距离。乔木应与建筑物和地下管线设施保持适当距离，以免影响乔木自身的生长或高大乔木因距主体建筑太近而影响室内采光。例如，选择教学楼前种植的树木，要核定树荫是否遮挡了窗子上的阳光。保证室内采光时间。

2. 幼儿园内开辟养殖场地的注意事项

饲养活动是幼儿感受生命的意义，尊重、理解、敬畏生命的重要途径，幼儿对小动物特有的喜爱，成为幼儿园不惜余力开辟养殖场地的重要原因之一。幼儿园开辟养殖场地需要注意以下几点：

首先，要依托幼儿经验和兴趣，选择适合幼儿饲养的动物。例如：兔子，平和温顺、不攻击人，可爱、聪明；鹦鹉，喜欢学说话、与人互动，羽毛漂亮，这些都是幼儿园开辟养殖场的首选小动物。

其次，就地取材。饲养动物，最终目的是为幼儿的教育服务，因此，要根据幼儿园所在地域的自然条件和幼儿园实际情况开辟场地。例如，为避免传播传染病，养殖场地要定期进行消毒、清理粪便，所以要设置在远离厨房、餐厅、休息室的地方。幼儿园的喷泉池里，可以散养几尾小鱼；将动物养在户外，安排在比较僻静的地方；为防止幼儿独自进入，可以安装小围栏等防护措施。

最后，根据教育目标和教育情境的需要，动态调整养殖种类和数量，切勿将养殖等同于观赏和投喂，可以利用养殖契机进行各种教育活动。

【案例 3-14】

教育活动：小兔病了

一些小班的小朋友不爱吃蔬菜、不能按时喝水。春天来了，许多小朋友会上火、长口疮。为此，教师根据幼儿喜欢小兔子的特点，开展了“小兔病了”的主题教育活动，通过为幼儿呈现一个小故事：小兔子生病，其他小动物为它送来蔬菜、水果、白开水，小兔的小便不再黄了，顺利地排出了粪便，口疮也没有了。开展教育活动中，教师让幼儿了解到平时多喝水、多吃蔬菜水果，春天就不会上火了，对身体是健康的。此时，后勤管理人员根据教育主题的需要，同期开辟出小兔养殖场，养了 2 只可爱的小兔子，在户外时，教师经常带着幼儿照看小兔，喂水、喂食，为小兔画画，为小兔清理小窝儿，为小兔洗澡等。精心设置的养殖场，培养了幼儿的爱心，也激发了幼儿爱护幼小生命的意愿。

（来源：北京市通州区幼儿园　张海燕）

3. 养护花草树木及养殖动物的要领

种植了花草树木，投放了需要养殖的小动物，后勤管理人员还要做到精心养护。常见的养护树木方法包括：浇水、除草、施肥、防寒、剪枝、除虫等。常见的养殖内容主要有：清洁、除味、喂食、防病等。其实，做好养护的关键要善于观察，了解不同物种的特点，要做到精心、细心。

在养护植物时，要注意花草树木的特点。例如，就浇水这一项，绿植是喜湿的，还是喜半湿半干？什么情况就需要浇水了？后勤管理人员要做到业务精湛，判断是否需要浇水。也可以观察土壤的干湿程度，用手指探一探土壤下的湿润度，只有保持土壤湿润，才能确保苗木生长必需的含水量。

后勤管理人员还要加强巡视检查，注意浇水的时期，做好定植时的保活水、夏季的生长水、冬季的冬水“浇三水”工作。除上述三个时期需要特别注意及时浇水外，还要注意施肥、浇水的时机。比如给植物施肥后应立即灌水，保证根系不受损伤，并有利于肥料的有效吸收。①

【案例 3-15】

被“照顾”死的小花

一个周一的早晨，来园的老师们忽然发现幼儿园门前的那片小花枯萎了，大家都觉得很奇怪。年轻的值班老师说周日下午，她在巡视校园时发现那片小花下边的土壤特别干，一个个小花蔫蔫的，她好心地顶着炎炎烈日，给小花浇了水。值班老师的一席话，让有经验的后勤管理老师恍然大悟，找到了小花的枯萎原因：是浇水的时间出了问题。

原来，夏天天气炎热，花土的温度高，此时浇水使土壤温度骤然降低，花木根系受低温刺激，影响植株正常吸收水分。小花就这样被“照顾”死了。

（来源：北京市通州区幼儿园　张海燕）

这个案例告诉我们，花草树木种植护理的时间很重要。其实，不是中午不能给植物浇水，主要看季节，夏季气温高、比较炎热，就不宜浇水。夏季傍晚浇水较好些，春季、秋季就随时可以浇水。但是，在冬季最好选择中午浇水，否则又会冻伤花木根系。

在养护管理中，还要做好除草、施肥。幼儿园户外绿化完成后，如果杂草丛生，不仅会影响观赏效果，而且杂草还会与苗木争夺水分、养分，影响苗木的正常生长发育。因此，要及时除草、中耕、提高土壤透气性。同时根据

---

① 陈燕荣：《浅谈托幼场所的园林绿化》，《农业开发与装备》，2014 年第 10 期。

土壤状况、苗木生长需要，及时补充苗木所需的肥料，以保障养分充足。施肥时注意施撒肥料的高度，切忌将肥料撒在花心中。实践证明，对肥料的选择，花草树木施有机肥最好。

在养护管理中要做好绿植的防寒。刚刚种下的树和冬天的树都很娇嫩，做防寒是养护中不可或缺的环节。做防寒常用塑料膜、稻草或者麦秆等材料为树木包扎，管理人员必须把薄膜包严、树干不能漏风。树木包好后，能够避免植株受冻。还有一种方法就是给树木涂上白漆，白漆不仅具有保暖的作用，还能杀菌、抑菌，预防病虫。当我们遇到较小的苗木时，在冬季可以为小树或者小花木套袋保温做防寒。在有阳光的温暖天气，可以将封紧的套袋适当打开。若出现温度快速升高，就要为植株适量浇水，避免叶片缺水，出现干枯发黄现象。一般在春季气温回暖后，可将给树木防寒用的稻草、麦秆和塑料膜等材料全部去掉，进行合理的养护。夏季对新栽种的苗木要进行遮阳处理，冬季要做好防寒措施，藤木苗木还要定期做支架调整。

【案例 3-16】

被冻伤的紫叶李

听天气预报说马上降温，种植的师傅生病来不了单位，电话告知：赶快使用粗麻绳为小树做防寒保护。一位后勤老师觉得用麻绳做防护要一圈圈缠太麻烦，决定改用省力、美观的泡沫海绵做防护。于是，一排紫叶李做上了海绵防护。种植的师傅回到幼儿园，第一时间检查防寒措施，发现刚刚种上的几棵紫叶李树苗全部冻伤，马上重新购置麻绳，替换了所有防护材料。

（来源：北京市通州区幼儿园　张海燕）

这个案例告诉我们，后勤人员要了解专业人员对树木种植的基本技术，尊重科学，用专业的方法开展管理工作。在养护管理中还需要修剪、整形。及时整形修剪能够改造树苗的形态结构，调节平衡树势，调节营养生长，对不同树种、不同枝杈，根据它们的习性以及观赏效果的不同进行不同的修剪，提高植物的观赏价值的同时，还有利于幼儿的活动安全。

【案例 3-17】

阴阴的教室

幼儿园的小二班位于南北朝向的教学楼西南角，按理说应该阳光明媚，但是，每次走进小二班都是阴阴的，从早晨到下午，需要一直开着灯。原来，是门前两棵茂盛的小树挡住了窗前的阳光。茂盛的小树枝繁叶茂，那肆意生长的枝条紧紧贴着窗玻璃，影响了从此经过的幼儿们。阴阴的教室不光是浪费电，更让幼儿少了每天的阳光照射。

这个案例告诉我们，后勤人员需要经常巡视树木的生长情况，适时剪枝修叶做好养护。剪枝修叶也是保证树木美观、助力幼儿健康成长的重要举措！

（来源：北京市通州区幼儿园　张海燕）

在养护管理中要做好病虫害防治。后勤人员有时会发现，大树的叶子出现了花点，树叶上有一层腻虫，还有一些树干上有虫子钻的孔，都说明树木有了虫害。因此，后勤管理人员要掌握常见病虫害发生的时间和特点，及时有针对性地进行防治，争取在病虫害发生的早期进行防控，即控制病虫害发展趋势。病虫害防治方法很多，物理防治、药物防治和生物防治并存，进行药物防治时要注意药物的存放地点，不得放在幼儿可以接触的地方。要注意防治的时间，避免幼儿在场的时候使用有毒有害的农药，要体现科学防治、保护环境，减少农药污染。

在条件允许的情况下，有的幼儿园还在户外开辟饲养区，饲养金鱼、乌龟、小鸡、小鸭、鹅、小兔、小猫、小羊等，为幼儿提供天然的学习场所，促使幼儿通过喂养、照料，发现问题、解决问题、收获新知，体验成长及生命的意义，获得饲养小动物的乐趣和乐于探究的品质。

动物养殖最怕小动物生病，需要请专业人员定期检查小动物身体，到专责机构为小动物接种疫苗，定期进行养殖场卫生清洁、按时消毒，避免传染病的发生。后勤人员做养殖消毒，一般使用白灰、干粉，或者选择消炎之类的药物。

二、幼儿园美化

美化管理作为幼儿园环境管理的一个重要的组成部分，对幼儿的成长有着重要的作用，它不仅诉诸感官的需求，而且以特有的设计方式，将空间环境与幼儿组成非语言性的信息交流场，对幼儿的心理产生潜移默化的影响。美化管理是幼儿园微观环境艺术设计的一个部分，它既以明显而富有变化的特点构成幼儿生活和活动的氛围，同时又是幼儿认识、操作的对象，对幼儿的身心都会产生直接或间接的影响。在进行幼儿园美化的过程中需要深入了解幼儿园绿化的设计美学、颜色美学和环境标识的美学。

1. 绿化的设计美学

幼儿园绿化不仅能够净化空气，让师幼缓解压力、放松身心，还能够实现幼儿园内其他建筑无法满足的美的需求，让人向往美好，增添生活气息。在环境管理中，运用绿化设计美学可以实现意想不到的作用。

【案例 3-18】

充满希望的一抹金绿

幼儿园教学楼南侧的围墙前，种了一些竹子，但是，竹子的高度并不能达到遮阴的效果。夏天阳光充足时，幼儿在烈日的照射下活动，经常满头大汗，小脸晒得通红。幼儿园决定在竹子前再种几棵树遮阴，但是，种什么树合适呢？美国大红枫、金叶复叶槭、白蜡、法桐、柿子树、紫叶李？一位有经验的师傅根据地势和美学要求，建议选择树高 6～8 米的金叶复叶槭，保证树荫不会遮挡教学楼。硬朗的竹枝和柔美的金叶复叶槭交相辉映。春天到了，一排金叶复叶槭发出了新芽，黄黄的、嫩绿的叶子，在教学楼南侧，在一墙茂盛的竹枝旁，成为娇嫩的一抹金绿，再看那满地的绿茵，灵动中传递着希望。

（来源：北京市通州区幼儿园　张海燕）

这个案例告诉我们，在绿化时要注意植物的配置，种植需要进行综合设计。一排树的种植，需要达到一定的棵数，形成足够的视觉冲撞，切忌单棵散点种植，视觉上感觉单薄而凌乱。每一种植物都有大小、形状、色彩、质感的差别，绿化种植时高矮树种、藤类与乔木等要相匹配。如果绿地有限，要优先考虑有树荫；如果条件充裕可以考虑高矮、色彩的搭配。从设计美学上看，总体设计应该从感官上第一感觉舒适、不突兀才是美的。

【案例 3-19】

角落的紫藤

幼儿园的西北围栏处，有一个木制的廊架，上面爬满了紫藤，一串串的紫花点缀在浓郁的绿叶以及弯弯的藤蔓中，成为热闹的幼儿园里那静静的一隅，煞是好看。走进紫藤架，悬垂着一个秋千，可以让人肆意地摇荡，感受绿意与馨香；拨开藤条，丛丛绿意的背后，竟是一个不规则的尖尖的角落，似乎述说着曾经的落寞与荒凉。几棵藤蔓的缠绕，让每一个从这里经过的人看到的是柔美，感受到的是廊架的神秘。幼儿园很好地利用植物点缀，解决了园所不规则角落不易放置玩具、不易施画场地游戏区的难题。

（来源：北京市通州区幼儿园　张海燕）

这个绿化设计案例说明，种植要根据现场条件巧妙进行设计，做到既美观又实用。搭配也要看条件，还可以设计主题园，使绿化设计更有意味。

2. 绿化的颜色美学

植物在生物功能和美学色彩中的特殊性和多样性，使其在园所环境中一直扮演着净化空气和美化环境的重要角色。理论和实践研究均表明，色彩能影响幼儿的心境、感情和性格，鲜艳色彩和生动活泼的风格最受儿童的喜爱。花的色彩可以让人感受到生命的美好、世界的绚丽、人与自然的相生相依。彩色苗木通过醒目的色彩表现，丰富了校园景观的层次，色彩的多样，使绿化层次更加分明。幼儿园环境创设要坚持以幼儿为主体，遵循色彩美学的原则，合理设计与搭配，打造出富有童趣的园所美学色彩。

【案例 3-20】

幼儿园的“花海”

幼儿园大门到教学楼门口，有一条长长的甬道，高高的金叶垂榆、浓郁的红王子锦带、白色的珍珠梅、黄色的连翘竞相开放，美丽的金银花爬满护栏，形成一片花海。再往里走，一棵棵果树围绕着幼儿园的围栏也竞吐芬芳，桃花、山楂花、海棠花争先恐后，在满墙的凌霄花映衬下，愈发体现后勤管理人员对种植中环境美学的用心设计。

（来源：北京市通州区幼儿园　张海燕）

在运用颜色装点幼儿园环境时要注意颜色的视觉冲撞效果，有时候种植一片小菊花比种植多品种的小花更加震撼。大片种植同色花卉，大胆表现花卉或者植物的色彩，重复一种单纯的颜色，就可以统一视觉效果，体现出用心设计的创意。经过实践证实，相同品种的花卉种植，面积在一平方米以上便可以产生一定的视觉效果。

【案例 3-21】

换季的尴尬

春天到了，幼儿园角落的小花开始发芽；夏天，小花竞相开放、争奇斗艳，每次从这里经过，小朋友都会驻足观赏，老师们对这片花海赞不绝口。而秋天，一阵寒意袭来，片片花瓣凋零，忽然发现，那个美丽的角落充满萧瑟，再没有欢声笑语。

（来源：北京市通州区幼儿园　张海燕）

这个案例告诉我们，每一种花都有开花的时间和花期，交互种植不同花期的植物错落点缀、多种花卉色彩搭配，我们就会一直享受花的艳丽，感受美丽的花海，避免季节交替带来的小花一片凋零的尴尬。所以，后勤人员要关注花期，谨慎选择花的品种搭配一些耐寒植物，满足师幼对美丽的更多感受。

3. 环境标识的美学

环境标识要以幼儿喜欢并易于接受的卡通形象为主，字体清晰、布局合理、色彩协调、意义明显。环境标识的本质在于它的功用性，但是在幼儿园环境中，一个恰当的标识不仅要有用，还要体现出环境的美感。

【案例 3-22】

带装饰的班牌

幼儿园的教室、办公室应该使用什么样的标识牌呢？老师们从网上选择了许多班牌例样，但是，总是觉得与整体环境不搭。漂亮的铁艺班牌挂在门口，总觉得与白色精致的木门格格不入；老师们又推荐了亚克力面、卡通形象的班牌，还是感觉挂上比较突兀。有一天，一位设计师参观幼儿园，他听说幼儿园在班牌选择上出现困惑，于是建议使用木制材料，班牌右上角呈现代表幼儿园文化的一朵小花，将淡淡的粉色木牌挂在幼儿的活动室，淡淡的蓝色木牌挂在专用教室。竖着放置的一块块小班牌，充满功用性与温馨，为幼儿园增添了童趣与美感。

（来源：北京市通州区幼儿园　张海燕）

这个案例告诉我们，在环境布置中，要悬挂的标识大小、颜色、样式等都需精心设计，标识要融入环境。标识，是传递信息、陶冶幼儿审美情趣的媒介，我们在呈现标识时，要整体设计，运用美学原理，传递更多的信息。

三、幼儿园净化

幼儿园净化管理是指以国家法规、地方规章政策为手段，以营造有利于幼儿身心健康成长的社会文化环境为目的，对幼儿园活动空间以及周边环境进行的整治和保持活动，是环境管理的重要组成部分，可以分为有形的净化和无形的净化。有形的净化主要指幼儿园的卫生清洁，无形的净化主要指幼儿园的精神文明建设。

幼儿园卫生清洁要根据《幼儿园卫生管理工作研究》的要求严格执行，从管理干部到每一位教师，都要高度重视卫生清洁管理工作。作为教师，在晨检环节要强化幼儿的卫生行为习惯教育，平时常规检查中要重视公共场所的卫生管理，还要重视对食品卫生的监督检查，以及幼儿学习与生活环境、用品的卫生管理，为幼儿的健康成长创造良好的卫生条件。作为后勤管理人员，更多侧重于环境、设备设施的清洁保持，尤其在常态化疫情防护期间，更要注重园所卫生清洁工作，严格按照相关规定进行消毒，为幼儿的健康成长筑造卫生保障。

1. 幼儿园清洁的注意事项

幼儿园清洁是对整体环境的清扫、保洁，园所清洁的标准就是地面洁净、无水渍，垃圾倾倒符合要求。由于幼儿年龄小，身体控制能力弱，户外环境中的树枝、灰尘会对幼儿产生安全隐患，因此，做清洁要保质保量，将树木外展比较多的枝枝杈杈清除或者剪短，避免幼儿活动时刮伤。

幼儿活动时会使不清洁的地面产生扬尘，地面清洁要在幼儿进园之前，或者幼儿中午睡眠时进行。使用墩布擦地不可以留水渍，以避免幼儿摔倒受伤。

【案例 3-23】

一小摊水渍

早晨上班，一位教师来得有点晚，她急急忙忙地拐弯上楼，一不小心，脚底一滑，“啪”的一声，应声倒下，脸上露出了痛苦的表情，半天没有站起来。路过的老师忙将她扶起送到医院，检查结果是尾骨骨折。后经查看地面，原来是墩地时没有擦干水，一小摊水渍是罪魁祸首。这个惨痛的教训告诉我们地面清洁留水渍的危害，此外，地面清洁时间安排也很重要。

（来源：北京市通州区幼儿园　张海燕）

幼儿园的清洁还要注意极端天气。雪天，即使雪花还在飘落，为了迎接师幼进园，也要清扫出一条进园的必经之路。当雪停了，就要即刻清扫，避免雪厚结冰不易清洁。雨后，地面湿滑，后勤人员要尽快将地面积水清理，同时在必经之路铺上吸水防滑的地垫。一旦遇到下雨、下雪、沙尘暴等极端天气，后勤人员还要及时擦拭玩具、大型滑梯以及幼儿休息用的小椅子，一般采用先清扫后墩灰尘，再擦拭水渍的程序。

密闭环境的清洁也不能忽视，更要注意及时通风，否则，尽管通过制度约束、流程管理、监督检查，仍然会出现一些舆情，造成不良影响。怎样能做到教师一边辛苦工作，一边让家长满意呢?

【案例 3-24】

一张质检单

利用暑假，幼儿园对园舍进行了修缮改造，添置了办公家具、幼儿小床和桌椅、玩具柜，操场铺上了软软的橡胶地垫，看着焕然一新的环境，老师满怀期待地迎来入园的小朋友。刚刚来园一天，就有一些家长提出各种担心：幼儿园新装修的环境，甲醛是不是超标？新的设备和新地垫有没有异味？

幼儿园意识到家长的担心绝不是一个人和几个人的行为，对这些疑虑特别重视，马上研究应对方案：公布空气检测、设备检测、材料检测报告；在室内添置绿植，打开所有电扇，加速空气流动，开窗通风；召开教师培训会，教师学习解答家长问题的方法；聘请第三方空气质检公司，并通知家委会成员到园内监督，再次进行空气检测并公布结果。一场空气质量危机，因一张检测报告得以解决，没有暴发大面积舆情。

（来源：北京市通州区幼儿园　张海燕）

这个案例告诉我们，后勤人员在房屋修缮、设备购置、材料选择时，要特别关注上级文件规定的标准和流程，在涉及生命安全及质量方面绝不能放松，还要了解一些相关知识。在管理中做到检查到位。工程结束，要第一时间公示第三方公司提供的空气检测报告、材料质检报告、施工或者设备购置人员资质，让家长放心、教师认可。在进行空气质量检测时，为了做到心中有数，许多幼儿园还采用厂家检测与聘请第三方独立检测同时进行的方式。

当检测出现指标不一致或超出标准时，立即分析原因找出造成空气污染的可能原因，采用设备更换、专业清除甲醛等措施，有效提高室内空气质量，让家长教师满意。空气的清洁，同样是净化的内容之一。

2. 做好园所垃圾分类

2019 年 7 月 9 日，共青团中央公开发表《我们为什么一定要进行垃圾分类》一文，开篇提出：垃圾分类的这场“战争”，已经是迫在眉睫，之后图文并茂，用四个“为什么急着搞垃圾分类”回答了这个问题。这个内容让我们明白了垃圾分类的重要性及紧迫性。这是我们不得不做的工作，作为幼儿园，更要积极参与并努力做好。

幼儿园做好垃圾分类，需要注意以下问题：

一是垃圾桶的摆放。垃圾分类越细，需要的垃圾桶就越多。一般的幼儿园场地狭小，放置垃圾桶需要注意放置的位置恰当、摆放的方式适合、桶的选择实用美观。另外，还要保证垃圾桶数量足够，幼儿园有害垃圾数量少，可以定点投放；可回收垃圾相对干净、数量大，垃圾桶投放要保证数量；大件物品可以集中收集、集中倾倒。为了保证环境的美化，将垃圾桶放置在隐形门内，或者放置在一幅画后面，能够巧妙自然融入园所环境，成为特有的景观。

二是垃圾桶的使用规范。要让幼儿园内每一个人认识垃圾桶外的标识，这样才能做到垃圾分类落地生根。实行垃圾分类，常常会出现投放垃圾不正确的问题，尤其是厨余垃圾，有人顺手将擦手的卫生纸放进厨余垃圾桶，为此，建议在厨余垃圾桶旁放置其他垃圾桶，并张贴明显标识。夏季容易滋生细菌，要做到及时清洁厨余垃圾，规定垃圾清理时间并责任到人。对幼儿生活的空间，提供卡通的小小垃圾桶，带着幼儿辨别垃圾桶的标识，学习垃圾分类的方法并开展实践活动，让每一位小朋友在幼儿园活动时了解垃圾的分类方法。

三是垃圾分类的宣传。垃圾分类，每一个人都有责任，让与校园相关的人了解垃圾分类知识、知道垃圾分类方法、养成垃圾分类习惯很重要。幼儿园环境管理的另一项重要任务就是做好垃圾分类的宣传，例如：在适当的地方张贴宣传海报或者提示语，开展“垃圾分类我先行”“垃圾分类我会做”等教师、家长、幼儿全员参与的绘画展示观摩活动，营造“全员参与垃圾分类、垃圾分类我先行”的氛围。

四、环境安全

幼儿的安全和健康是关系到千万家庭幸福和社会稳定的大事，确保儿童安全健康发展是幼儿园应尽的义务，更关系着社会的稳定大局。幼儿园环境安全是环境管理的重要组成部分，要做好幼儿园的环境安全管理工作，需要幼儿园的全体教职工和幼儿以及家长的共同努力。

安全问题无处不在。在幼儿园，每一个环境安全的隐患，都可能给幼儿带来巨大的身心伤害。因此，幼儿园后勤人员要特别重视设备设施安全、绿化美化安全、环境布置安全、空气质量安全等。

【案例 3-25】

伤人的“元凶”

早晨，老师正在为小朋友开餐，一个小朋友要喝汤，教师盛好一碗汤想转身送给小朋友，哪知道转身的一瞬，正好将一碗热汤扣在迎面过来的另一个小朋友的脚面上，老师急忙用冷水冲洗小朋友的脚，但是，脚上迅速出现了一片水泡，让教师愧疚不已。幼儿严重烫伤！

原来，这是食堂提供的汤过热造成的。早晨的汤没有提前做出来，到了开饭时间，食堂人员担心耽误开饭，赶快将刚刚出锅的汤递给了老师，结果发生了意外，一碗汤成为伤人的“元凶”。

当后勤管理干部组织调看录像、进行事故反思时，对于烫伤幼儿一事，老师和食堂师傅都很自责，但是言谈中，大家提到了盛汤的勺子太大，不好把握量，小碗太薄，盛上汤食烫手拿不稳的问题。

看来，伤人的“元凶”不是这么简单！

（来源：北京市通州区幼儿园　张海燕）

这个严峻的教训告诉我们，汤的温度固然会成为安全隐患的源头，过热的汤还会让幼儿烫伤嘴，但是薄薄的烫手的小碗、大大的勺子，同样也隐藏着安全隐患，暴露着后勤管理的问题，岂止一场意外那么简单！

因此，设备设施中存在的安全隐患同样需要我们将重点放在源头，例如，采购是否符合安全标准，使用中是否发现有损坏、报损是否及时、维修是否专业等，这些都是杜绝隐患的关键。

环境安全，是目前家长、教师比较关注的一项内容，绿化美化安全也不容忽视。种植养殖的场地设计安全、选择种植物种安全，才能保证幼儿在绿树成荫、舒适安全的环境中活动。像玩具设备、修缮的房子、新铺的地面是否使用环保材料，空气检测能否合格？园所门口车辆是否影响幼儿接送？园所环境布置是否符合社会主义核心价值观？都是幼儿园中关于环境安全管理的重点。

总之，幼儿园环境安全不容小觑，为幼儿提供安全的教育活动场，是每一位教育工作者的责任，我们要用更科学的管理，为家长和幼儿提供满意的教育，办人民满意的学校。

【教你一招】

后勤环境管理可以将爱蕴含其中

从幼儿园大门口到教学楼，有大约 10 米的距离，每逢雨雪天气，幼儿进园或离园，总会被淋得湿湿的，弄得脚下泥水涟涟。尤其是离园时幼儿园门口呼唤声一片，每位家长都会焦急地盼着自己的孩子能够像百米冲刺一样，快快跑到自己的伞下，少淋些雨生怕孩子被淋病。

我们看在眼里急在心头，为了幼儿的健康着想，同时也为保持进园、离园的安全秩序，领导班子研究决定，在大门与教学楼之间建连廊，让幼儿上学来、放学走，不受到任何风吹、日晒、雨淋。

为了确保连廊的结构安全，幼儿园请来专业的设计。为了保障一旦失火时消防车能够迅速进入，特别关注连廊的宽度和高度不低于 4.2 米。为了安全和采光，决定使用阳光板建造。幼儿园内地面与园外道路有较大的高度差，为了方便出行，大门口建了平缓的坡道。

连廊终于建好了，解决了风吹、日晒、雨淋的问题，幼儿尽享快乐时光。但是，幼儿喜欢游戏的特性，让我们后勤人员绞尽脑汁继续开发连廊内的游戏。根据不同季节，我们在连廊横梁处悬挂投掷标靶、可以敲击的小鼓，投放游戏用的沙包等玩具。这些玩具的大小、外形、悬挂的高度等，都是根据幼儿的兴趣爱好、年龄特点和幼儿不同的身高设置的。悬挂绳索的每个接口，我们都会捆绑牢固并用胶带进行二次绑扎，确保不会伤到和磕碰到幼儿。在绳索上我们搭配了一些绿色的仿真树叶，一个个玩具就像树上结出的果实，十分可爱。老师们组织幼儿到室外活动也喜欢在这里站一站，还有意识地将连廊内的游戏设计到室外活动中，并根据教学需要对玩具功能进行拓展。

现在，每当幼儿到充满爱的连廊下，都会与自己喜欢的玩具进行互动，他们在这里跳跃、投掷、击打，尽情游戏。如今，连廊已经成了幼儿“打卡地”，家长们也再也不用在雨雪天为幼儿担心了！

（来源：北京市通州区幼儿园　黄长生）

【拓展阅读】

推荐图书：

王萍、董辅川：《环境艺术设计手册》，清华大学出版社，2020 年版。

推荐理由：

《环境艺术设计手册》是一本全面介绍环境艺术设计的图书，特点是知识易懂、案例趣味、动手实践、发散思维。这本书从学习环境艺术设计的基础知识入手，循序渐进地为读者呈现一个个精彩实用的知识、技巧。《环境艺术设计手册》共分为 7 章，内容分别为环境艺术设计的原理、环境艺术设计的基础知识、环境艺术设计的基础色、环境艺术设计的空间分类、环境艺术设计的风格分类、环境艺术设计的照明、环境艺术设计的秘籍。在多个章节中安排了设计理念、色彩点评、设计技巧、配色方案、佳作欣赏等经典模块，在丰富该书结构的同时，也增强了其实用性。

《环境艺术设计手册》内容丰富、案例精彩、版式设计新颖，不仅适合环境艺术设计师、室内设计师、初级读者学习使用，而且可以作为大、中专院校环境艺术设计、室内设计专业及环境艺术设计培训机构的教材，也非常适合喜爱环境艺术设计的读者朋友作为参考用书。

【本章小结】

本章分三节全面概述了后勤环境管理的特点、原则、内容和措施。结合幼儿园中出现的真实而生动的管理案例，让我们理解后勤环境管理的重点以及方法。一个个管理案例故事，旨在于轻松的阅读中，唤起读者共鸣，进行深入反思，帮助后勤职工向着精细化管理迈进。

【讨论与思考】

1. 你认为后勤环境管理的重点是什么?
2. 如何做到“后勤环境管理与一线教育教学有机结合”的理念?
3. 如何做到种植养殖的精细化管理?你是如何理解的?

第四章　卫生保健管理

——不仅是处理小磕小碰

【本章要点】

- 了解卫生保健管理的基本内容和措施；
- 感受卫生保健工作的重要价值，树立职业自信；
- 掌握幼儿一日生活各环节的卫生要求、幼儿园常用的消毒方法；
- 保教结合，注重幼儿身心健康和谐发展。

【本章关键词】

卫生保健；一日生活；保教结合

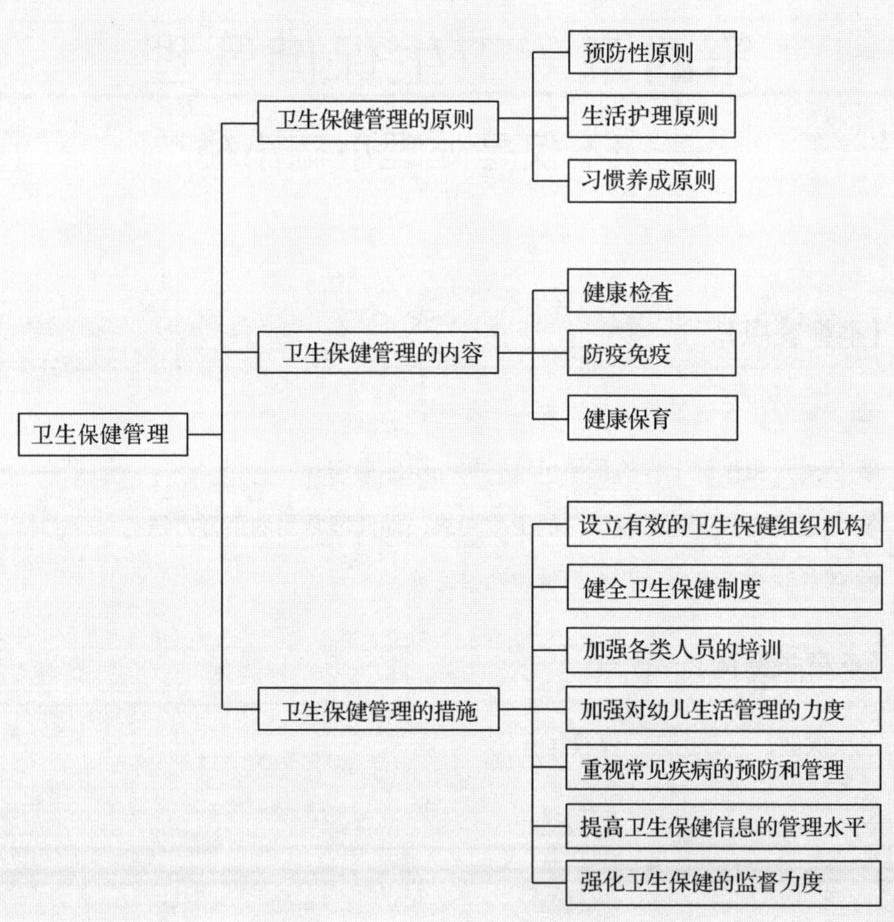
卫生保健管理
卫生保健管理的原则
预防性原则
生活护理原则
习惯养成原则
卫生保健管理的内容
健康检查
防疫免疫
健康保育
卫生保健管理的措施
设立有效的卫生保健组织机构
健全卫生保健制度
加强各类人员的培训
加强对幼儿生活管理的力度
重视常见疾病的预防和管理
提高卫生保健信息的管理水平
强化卫生保健的监督力度

随着全球经济的飞跃发展和科技的不断进步，人们更加注重自身素质的提高，当今世界健康教育发展的新趋势是“养成教育，从小抓起”。儿童的健康水平是一个国家或地区政治、经济、文化和卫生水平的重要标志之一。我国卫生部早就提出：“儿童健康的投资，对于推动社会发展、提高生产力、改善生活素质是一个直接突破口。”①世界卫生组织在 20 世纪 80 年代就提出了“儿童的健康，明天的财富”的口号。《幼儿园教育指导纲要（试行）》也明确指出：幼儿健康是人类生命质量得以提高的基础；幼儿园必须把保护幼儿的生命和促进幼儿的健康放在首位。这就对幼儿园保健工作提出了更高的要求。

第一节　卫生保健管理的原则

一、预防性原则

卫生保健工作是幼儿园管理工作不可缺少的重要组成部分。幼儿园是幼儿集体生活的场所，是易感人群集中的地方，保护幼儿健康成长，是其首要任务。由于幼儿正处于身体不断生长发育的关键时期，各器官的生理功能尚不够完善，适应能力差，抵抗能力弱，在集体环境下相互接触，极易引起疾病的传播和流行。为保护幼儿的生命与健康，卫生保健工作应以预防为主，为幼儿创造良好的生活环境，建立合理的生活制度，培养幼儿健康生活和安全生活的习惯和态度。通过有计划、有组织、有目的地管理工作，科学合理地安排幼儿的一日生活、提供合理的营养膳食、定期体检、进行疾病的预防和生活卫生常规的培养、加强体格锻炼以及建立安全措施等工作，实施良好的保育和教育，促进其健康成长。

二、生活护理原则

幼儿园应依据幼儿的不同年龄特点、身心发育的特点和本地区季节的变化，建立科学、合理的一日生活制度，合理安排幼儿作息时间，为幼儿提供均衡营养的膳食，因地制宜地开展幼儿体格锻炼、常见病的预防、幼儿的全日健康观察等活动。同时，要注意游戏、生活活动、集体活动、户外活动的

① 王绪池、郑佳珍：《幼儿园总务管理》，重庆：重庆大学出版社，2013 年版，第 119—125 页。

时间、顺序和次数，注意动静结合、集体活动与自由活动结合、室内外活动结合。卫生保健人员应每日巡视一日生活制度各个环节的落实情况，以保证幼儿在园内生活的规律性和稳定性。

合理安排幼儿有规律、有节奏的生活制度，保证幼儿有足够的户外活动、适宜的学习、定时进餐及充足的睡眠时间，这些对幼儿的生长发育都起到积极的促进作用。在合理的生活制度下，幼儿身体的各部分(包括大脑皮层在内)都能得到适宜的、交替的活动与休息，可以消除疲劳。身体的能量消耗也能得到及时补充，从而保证机体的正常代谢，促进生长发育。合理的生活制度还可以使幼儿从小养成良好的生活习惯，从而受益终身。

三、习惯养成原则

幼儿阶段是良好的行为习惯养成的重要时期。幼儿从小养成良好的卫生习惯是维护健康的积极方式，这不仅能有效减少有害物质(如病毒、细菌、寄生虫等)对幼儿身体的不良影响和伤害，减少患病概率，也能更好地促进生长发育和维护健康。良好的卫生习惯还将使人终身受益，惠及他人与社会，这也是作为新时代公民应具有的文明与健康素养。因此，保教人员在日常生活中应根据儿童的年龄特点建立合理的生活常规，科学合理地安排户外活动，促进儿童的健康成长。

第二节　卫生保健管理的内容

根据《托儿所幼儿园卫生保健管理办法》规定，托幼机构应当严格按照《托儿所幼儿园卫生保健工作规范》开展卫生保健工作。托幼机构卫生保健工作包括以下内容：

1. 根据儿童不同年龄特点，建立科学、合理的一日生活制度，培养儿童良好的卫生习惯。

2. 为儿童提供合理的营养膳食，科学制定食谱，保证膳食平衡。

3. 制订与儿童生理特点相适应的体格锻炼计划，根据儿童年龄特点开展游戏及体育活动，并保证儿童户外活动时间，增进儿童身心健康。

4. 建立健康检查制度，开展儿童定期健康检查工作，建立健康档案。坚持晨检及全日健康观察，做好常见病的预防，发现问题及时处理。

5. 严格执行卫生消毒制度，做好室内外环境及个人卫生。加强饮食卫生管理，保证食品安全。

6. 协助落实国家免疫规划，在儿童入托时应当查验其预防接种证，未按规定接种的儿童要告知其监护人，督促监护人带儿童到当地规定的接种单位补种。

7. 加强日常保育护理工作，对体弱儿进行专案管理。配合妇幼保健机构定期开展儿童眼、耳、口腔保健，开展儿童心理卫生保健。

8. 建立卫生安全管理制度，落实各项卫生安全防护工作，预防伤害事故的发生。

9. 制订健康教育计划，对儿童及其家长开展多种形式的健康教育活动。

10. 做好各项卫生保健工作信息的收集、汇总和报告工作。

一、健康检查

幼儿的健康检查包括儿童入园健康检查和儿童定期健康检查。幼儿园应对幼儿体检、测量、健康监测结果进行统计，并针对突出问题进行分析，及时向家长反馈体检、监测结果，对肥胖儿、体弱儿和特异性体质的儿童要建立干预档案，记录干预情况。

(一)新生入园体检——开启入园生活前奏曲

1. 为什么要进行入园体检？幼儿园是人流比较密集的场所，孩子的抵抗力也普遍比成年人低，为了防止新生将传染源带入校内，引起大规模的传染病的暴发，同时判断幼儿能否适应集体生活，因此需要进行入园前的健康查体。

2. 入园前需要查验的内容：幼儿入园前要到辖区卫生行政部门指定的医疗卫生机构，进行健康体检，保健医在新生入园前要联系好医疗机构确定好体检时间，并通知新生家长按时去体检。在新生报到时保健医需要查验《幼儿接种证》查看幼儿接种的疫苗是否打齐(查验的内容包括：卡介苗、脊灰、百白破、白破、麻疹/麻风、麻风腮、乙脑、A 群流脑、A＋C 群流脑、乙肝和甲肝)并记录在册，在记录过程中将记录顺序与查验顺序保持一致，可以提高记录的速度和准确度。提示未接种齐全的幼儿家长及时去妇幼保健院进行预约补种；在新生复检时要查验《儿童入园健康检查表》《0—6岁儿童保健手册》，与家长交谈了解近两个月内幼儿有无传染病接触史，了解幼儿既往史、过敏史、惊厥史、关节脱臼史、生活习惯等，在与家长交谈过程中要将为什么要了解幼儿健康状况的意义与家长讲清楚，请家长积极配合如实反映幼儿的健康状况，如发现有特异症状的幼儿要做好记录，并与家长签订《特异性体质儿童管理协议》。在幼儿入园前保健医将所收集的特异性体质儿童的名单和护理的要点和注意事项进行汇总，并将名单下发到各个班级告知教师，让教师在之后的工作中依据每个幼儿的健康状况做好幼儿的健康护理。如班级有对鸡蛋过敏的幼儿，教师需选用其他食物进行替代，避免幼儿因误食引起食物过敏。

【案例4-1】

户外活动谨防脱臼

户外活动时间到了，孩子们开心地玩了起来。有的玩呼啦圈，有的一起玩沙包，萱萱和琪琪一起玩着“炒豆豆”。萱萱和琪琪一边说着儿歌，一边左右翻转着身体，玩得正开心的时候，琪琪在翻转身体时没站稳，用力拽了一下萱萱的胳膊，就见到萱萱扶着自己的胳膊，哭着找到教师说：“胳膊疼。”教师发现萱萱的胳膊不能动了，马上把她送到医务室，保健医初步诊断是脱臼了，马上送到医院就诊，果然是脱臼了。之后与家长了解情况后得知，原来孩子有习惯性脱臼史。

（来源：北京市通州区幼儿园　赵亚丽）

此案例中萱萱的胳膊脱臼属于习惯性脱臼，在日常活动中就要避免玩一些拖、拉、拽的游戏。如果在入园前保健医向家长询问了解到幼儿有习惯性脱臼史，并告知教师护理的要点，教师就会在活动中注意，避免幼儿出现意外。

3. 保健医要了解每班幼儿的出勤情况和健康情况，根据《北京市托幼机构卫生保健工作常规》，在园儿童离园3个月以上，再次返园时，需要进行健康检查。保健医要和教师沟通好，在幼儿返园前向家长收取体检表，体检合格后方可返园；如遇特殊情况（如短期赴外埠、出境或有传染病接触史等的离园的幼儿）应在隔离期满、检验检疫合格后方可返园。

4. 在接收其他园转园的幼儿时，保健医要查验原幼儿园提供的“儿童转园健康证明”和“儿童保健记录”。查验“儿童转园健康证明”时要注意查看日期，看看是否在有效期内(有效期为3个月)，只有在有效期内才有效，如果幼儿资料不全，需要幼儿重新进行体检，体检合格后方可返园。

(二)晨间检查——健康开启每一天

1. 晨间检查意义及形式

通过晨间检查和全日健康观察可以了解儿童全日的健康状况，早期发现异常，针对具体情况及时采取措施，以保证在园幼儿的健康。晨检工作可根据本园实际情况，采取保健医检查、班级教师检查或两者相结合的方式。不论选择哪种方式，均由保健医负责巡视，发现问题及时处理。

2. 晨间检查前的准备

晨检时保健医需提前到岗，穿好工作服，服装要整洁，不留指甲，不戴首饰。准备好压舌板、手电筒、幼儿口罩、体温计等物品，戴好口罩和一次性手套。

3. 晨间检查的内容及问题处理

幼儿晨间入园时，可以安排家长志愿者或园内其他工作人员，先对幼儿手部进行消毒和体温的测量。手消后保健医利用手电筒查看幼儿口腔、手心、手背、面色，查看幼儿口腔、手心、手背有无疱疹，面色是否正常，皮肤是否有破损。如果发现幼儿口腔内有疱疹时或有其他疑似传染病症状时，先要将幼儿带到隔离室，再进一步用水银体温计测量幼儿体温，同时联系家长，请家长第一时间带幼儿到医疗机构就诊，并告知教师幼儿诊断结果。如果确诊为传染病，幼儿园要按照《传染病处置流程》进行隔离、消毒、追访工作。保健医要将病例记录在“晨、午、晚检及全日健康观察登记册”上，班上保教人员记录在“交接班登记册”上，并及时做好追访记录，待疾病痊愈后且隔离期满后到当地医院的保健科开具复课证明后方可返园；当发现幼儿体温≥37.3摄氏度时，联系家长及时带幼儿到医院就诊，待咳嗽、流涕、打喷嚏的症状消失后再返园。晨检结束后保健医要到各班进行巡班，发现幼儿的健康问题及时做好处理。

【案例 4-2】

早晨的发现

在晨检中保健医发现一个孩子的口腔内有几个发红的小泡，经过简单的询问，保健医怀疑他可能感染了手足口病，便第一时间将幼儿进行隔离，并马上与家长取得联系，及时到医院就诊，同时班级采取了相应的消毒应急措施，提早预防了传染病在幼儿园的发生和流行。

（来源：北京市通州区幼儿园　赵亚丽）

此案例中保健医在晨检中能够发现幼儿的不适症状并能够及时采取隔离、就诊、消毒等相应措施，预防了传染病在幼儿园的发生和流行。发现患病儿童应与家长联系，疑似传染病儿童应尽快隔离并及时到医院诊治，追访诊治结果。发现问题及处理情况，卫生保健人员应记录在“晨、午、晚检及全日健康观察登记册”上，班上保教人员应记录在“交接班登记册”上。

(三)大查体——阶段评价促成长

1. 定期健康检查

通过定期健康检查，对在园幼儿生长发育进行监测和评价，及时发现疾病，进行有针对性的防治，促进幼儿健康成长。3 岁以上幼儿每年体检一次，每半年测量身高、体重一次；每半年进行口腔检查一次。在每年的定期健康检查期间，幼儿园对在园儿童进行发育筛查和发育行为异常筛查，3 岁以下每半年一次，3 岁以上每年一次。

(1)体检的内容

每年一次的健康体检也就是常说的“大查体”，是由当地的医疗机构入园为幼儿进行体检，体检内容包括内外科、听力、口腔、血色素、身高、体重，其中身高、体重由保健医测量。在体检过程中保健医要配合完成检查数据的记录。

(2)体检需要注意的问题

注意体检时间：确定每年体检的时间要看上一个年度的体检时间，最好两个年度的体检时间在同一个月内，与体测时间相距时间不超一个月。如体检安排在 5 月，体测可以安排在 5 月或 6 月。

注意班级的安排：保健医体检前要根据体检时间将班级分在不同的时间段和不同的项目中，并将班级幼儿分成男孩、女孩两组，打印两份人名单，教师一份，保健医一份。体检前请教师按人员名单的顺序安排幼儿体检，这样体检时就不会造成人员的拥挤，也能保证体检的有序和记录的准确。

注意体检项目的分区安排：体检前保健医要根据本园的实际情况安排体检的房间，如果条件允许的情况下可以安排在同一楼层，同时还要兼顾各个项目之间不要相互影响。如听力的测试就需要一个安静的环境，不能和其他体检项目安排在一个房间内，在测试过程中也要提醒幼儿要保持安静，不要大声喧哗。如果房间够大，血色素和口腔检查可以安排在同一房间内。

注意保护幼儿的隐私：为了给幼儿提供一个良好的体检环境，要注意保护好幼儿的隐私。在进行外科检查和内科检查时，在检查区和等待区需要用屏风或帘子进行分隔。每次让一位幼儿进行检查，其他幼儿在屋外等候，并准备好诊疗床。

(3)体检后的管理

体检结束后，保健医要将体检数据汇总并录入到系统内，如果发现疾病应及时治疗，发现的维生素D缺乏性佝偻病、营养性缺铁性贫血、蛋白质能量营养不良、超重和肥胖、癫痫、先天性心脏病及常见畸形等幼儿要转入体弱儿管理，对体检中发现的视力低常、龋齿及听力筛查未通过的，要按照“五官保健”要求进行管理；儿童心理行为发育筛查结果异常的儿童按照“发育行为异常儿童的管理”要求进行管理。在健康检查中，发现任何不能处理的情况均应转诊。

最后保健医要根据体检的全部检查结果进行综合评价，认真填写体检报表数据，准确按时上报相关部门。

2. 体格生长评价

(1)为什么要进行体格生长评价

儿童的生长发育是一个从量变到质变的长期连续过程，在不同年龄阶段各器官组织生长快慢不同。生长监测主要是对儿童体格发育水平和发育速度的监测，对儿童进行生长监测，把单纯的一次性、孤立的测量和评价，变成动态的观测与评价，保健医通过定期的生长监测可以评价儿童的健康发育水平，预测发育潜力，可以在早期发现生长发育是否偏离，为进一步检查和治疗提供参考依据。

(2)评价的指标

体格生长评价指标：体重/年龄、身长(身高)/年龄、体重/身长(身高)、体质指数(BMI)/年龄。

(3)评价方法

对幼儿进行体格评价现在常用的方法有离差法(标准差法)、百分位法、曲线图法等。现在幼儿园可以通过各种健康管理软件进行幼儿体格评价，大大减少了保健医的工作量。在此，介绍一下曲线图法(见图 4-1、图 4-2)。

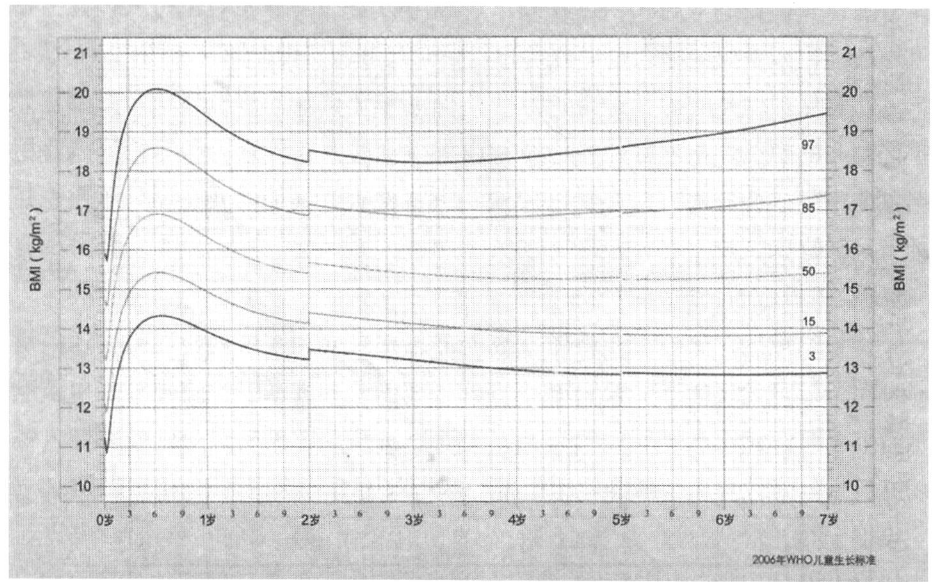

图 4-1　0—7 岁女童体质指数(BMI)/年龄百分位标准曲线图

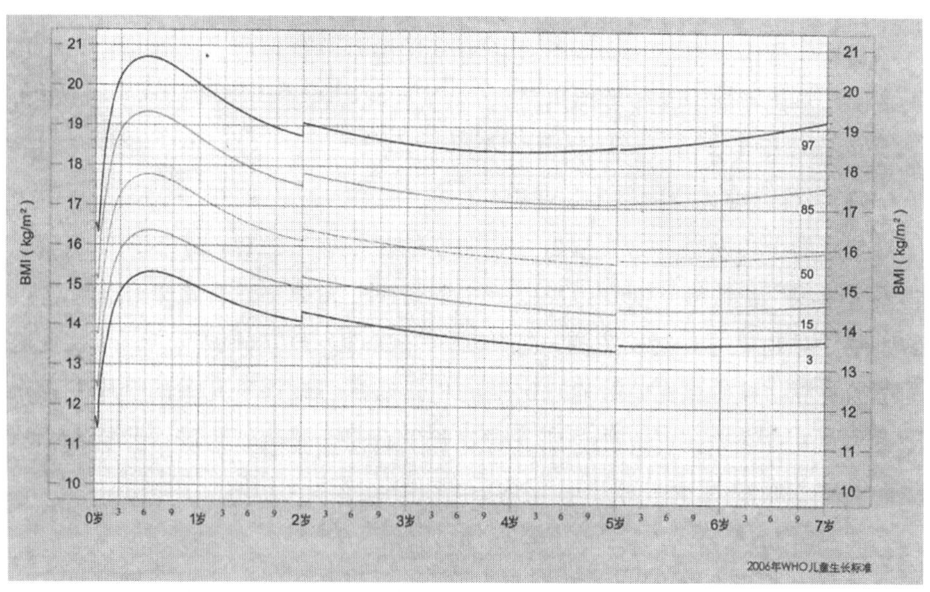

图 4-2　0—7 岁男童体质指数(BMI)/年龄百分位标准曲线图①

① 北京妇幼保健院：《北京市托幼机构卫生保健工作常规》，2016 年，第 64—78 页，内部资源。

曲线图法是以儿童的年龄或身长(身高)为横坐标，以生长指标为纵坐标，绘制成曲线图，从而能直观、快速地了解儿童的生长情况，通过追踪观察可以清楚地看到儿童的生长趋势和变化情况，及时发现生长偏离的现象。

将个体儿童不同年龄时点的测量值在生长曲线图上描记并连接成一条曲线，与生长曲线图中的参照曲线比较，即可判断该儿童在此段时间的生长速度是正常、增长不良或过速。纵向观察儿童生长速度可掌握个体儿童自身的生长轨迹(见表4-1)。

表4-1　生长水平的评价

生长水平	评价方法
正常增长	与参照曲线相比，儿童的自身生长曲线与参照曲线平行上升即为正常增长。
增长不良	与参照曲线相比，儿童的自身生长曲线上升缓慢(增长不足：增长值为正数，但低于参照速度标准)。
增长过速	与参照曲线相比，儿童的自身生长曲线上升迅速(增长值超过参照速度标准)。

【案例4-3】

体检发现的“小豆豆”

在幼儿园大查体的过程中，发现中班的一位小朋友身高体重比值低于同年龄段男童标准值。保健医及时将检查结果向班级老师反馈，并一起与家长进行了沟通，建议家长带幼儿去正规医院进行检查。

经检查后，医生诊断该幼儿为“矮小症”患者，建议通过家园共育的方式从心理、运动、治疗、饮食等方面进行干预治疗，半年后，该幼儿身高体重比值有了比较明显的增长。

(来源：北京市通州区幼儿园　张乃会)

此案例中保健医在全园幼儿体检过程中发现个别幼儿的异常情况，及时与班级教师及家长进行沟通，并配合家长进行干预，做到早发现、早治疗，最大限度地保证每个幼儿的健康成长。

(4)评价时应注意的问题

注意测量工具要符合要求：在评价过程中幼儿的身高、体重是评价的关键数据，因此数据的准确性直接影响着评价结果，所以，测量幼儿身高、体重的工具一定是符合要求的，要保证准确测量和记录准确。

要准确计算幼儿的实足年龄：在评价过程中需要的“年龄”是幼儿的实足的年龄，也就是在测量日期时该幼儿的年龄。实足年龄＝测量日期－出生日期，在计算的过程中需要注意当测量日期小于出生日期不够减数时：“日”＋30，“月”＋12，“年”－1，再进行计算。

【案例 4-4】

幼儿实足年龄的计算

某幼儿 2004 年 8 月 20 日出生，2008 年 6 月 15 日测量，计算实足年龄为：

```
              (6＋12＝18)
                  ↑
(2007)←2008       6     15→(15＋30＝45)
     －  2004      8     20
──────────────────────────────
          3        9     25
```

此孩子的实足年龄为 3 岁 9 个月 25 天。

3. 心理行为评价

(1)评价的内容

发育筛查：在幼儿定期健康检查时，幼儿园采用“儿童心理行为发育问题预警征象”按年龄阶段进行发育筛查。班级教师按照筛查内容对班级儿童进行观察，必要时需询问家长该幼儿在家中的表现，由保健医将筛查情况记录在“儿童保健记录”健康检查记录表的“预警征象”一栏中。如有任何一条预警征象阳性时，需要在“儿童心理行为发育问题预警征象表”(见表 4-2)中做好记录。

发育行为异常筛查：保健医或班级教师如发现幼儿在园期间心理行为有异常，如：吸吮行为、咬指(趾)甲、饮食行为问题、睡眠问题、遗尿、异食癖、口吃、过度依赖、退缩行为、屏气行为、暴怒发作、习惯性摩擦综合征等表现时，保健医要将筛查情况记录在“儿童保健记录”健康检查记录表的“心理行为问题”一栏中。

(2)发现问题的处理

在观察评价过程中如有任何一条预警征象阳性，或者在日常活动中发现有可疑心理行为异常者，保健医要将幼儿信息登记在册，转诊至上级妇幼保

表 4-2　儿童心理行为发育问题预警征象表

儿童年龄	预警征象	勾选
2 岁	1. 不会说 3 个物品的名称 2. 不会按吩咐做简单的事情 3. 不会用勺吃饭 4. 不会扶栏上楼梯/台阶	□ □ □ □
2 岁半	1. 不会说 2—3 个字的短语 2. 兴趣单一、刻板 3. 不会示意大小便 4. 不会跑	□ □ □ □
3 岁	1. 不会说自己的名字 2. 不会玩"拿棍当马骑"等假想游戏 3. 不会模仿画圆 4. 不会双脚跳	□ □ □ □
4 岁	1. 不会说带形容词的句子 2. 不能按要求等待或轮流 3. 不会独立穿衣 4. 不会单脚站立	□ □ □ □
5 岁	1. 不能简单叙说事情经过 2. 不知道自己的性别 3. 不会用筷子吃饭 4. 不会单脚跳	□ □ □ □
6 岁	1. 不会表达自己的感受或想法 2. 不会玩角色扮演的集体游戏 3. 不会画方形 4. 不会奔跑	□ □ □ □

资料来源：北京妇幼保健院：《北京市托幼机构卫生保健工作常规》，2016 年，第 106 页。

健机构进行诊断、干预。转诊后三个月进行追访，追访转诊情况及诊断结果，并补充填写在册子上。根据幼儿不同的神经心理行为发育问题，进行有针对性的生活护理。保教人员要关心爱护病儿，不歧视病儿。

4. 分析评价结果

保健医在所有检查、数据录入结束后，要结合评价结果与体格检查、疾病情况、喂养、生活环境等进行分析，对体格发育状况做出比较合理、切合实际的评价，并给予恰当指导。

【案例 4-5】

爱发脾气的博博

幼儿园大班里有个男孩叫博博，平日里总是一刻不停地在屋子里走来走去。通过观察、分析，保健医发现他存在以下几种表现：(1)情绪化很严重，经常无缘无故地大发脾气，发脾气时会攻击老师，使用踢、打、咬等方式对老师造成身体上的伤害，有时也会使用椅子、剪刀等生活用品和学习用品打老师，偶尔也有打小朋友的情况。(2)注意力持续时间非常短，上课时喜欢扭来扭去或者踢旁边小朋友的椅子。(3)口齿不清，上下咬肌不能咬合，说话含含糊糊，老师、小朋友和他交流多半要靠猜才能懂他说的意思。(4)学习能力差，发展较同龄幼儿严重滞后。(5)社会交往能力差，没有小朋友愿意和他玩。规则意识薄弱，不能听从老师的指令做事情。针对这些情况，保健医与家长进行了沟通，家长同意带孩子去医院检查一下，最终的诊断结果为注意力缺陷性多动症。

博博最大的问题是不能很好地控制自己的情绪，发脾气时容易攻击他人。这与孩子表达能力低，需求不被理解与满足、不能用多种方式宣泄自己的负面情绪有关。保健医建议家长一是要到医院定期做治疗。二是要做好榜样，注意控制好脾气，不要当着孩子的面争吵，要创设一个安全温馨的家庭氛围。三是如果孩子大发脾气，可以在保证环境安全的前提下，将其隔离在一个场所内冷静几分钟，同时避免任何人去安抚他。在幼儿园，教师要用更多的爱心和耐心包容他、接纳他。

（来源：北京市通州区幼儿园　李克难）

博博升到大班后，很多学习和发展中的问题都没有得到解决，与博博家长不愿意面对孩子成长中的障碍，采取逃避的方式漠视孩子发展中的问题有很大关系。在博博的诊断结果里也包含着家庭教育缺失问题。面对家长的回避态度，保健医与教师一起做好家长工作，转诊到专业机构进行筛查和鉴定。科学的诊断为对博博进行干预和矫治指明了方向，让孩子发展中的问题得到了最及时的纠正，为他今后的学习奠定了良好的基础。

二、防疫免疫

(一)管理传染源：把好免疫关

幼儿由于年龄小，身体各个系统发育还不完善，自身的抵抗力低，易感染各种疾病。幼儿园是幼儿学习、生活的场所，是人群比较密集的地方，一旦有幼儿染上传染病，处理不好很容易造成疾病的传播。一旦疫情暴发，将严重威胁幼儿的身体健康和生命安全，对幼儿园、家庭和社会造成较大影响。因此，加强和完善幼儿园传染病防控工作是保障幼儿身体健康的关键环节。这就要求幼儿园老师必须了解一些有关传染病的知识，掌握一些必要的应对传染病的紧急措施与护理技能，当发现幼儿患某种传染病时，能及时采取相应的措施，控制和避免传染病的传播。幼儿园应采取积极有效的措施，做好经常性的预防工作。

幼儿园应建立健全传染病防控管理组织，制定传染病防治工作预案。应成立传染病防控领导小组，实行园长负责制。建立健全传染病管理及传染病疫情报告制度，幼儿园内发现传染病疫情或疑似病例后，应当立即向疾病预防控制机构报告。必须按照规定及时如实报告突发公共卫生事件与传染病疫情信息，不得瞒报、缓报、谎报或者授意他人瞒报、缓报、谎报。

1. 幼儿园要严格落实传染病各项管理制度及各项消毒隔离制度，并做好相关记录。做到把好“三关”：把好晨、午、晚检关；把好入园关；把好消毒、隔离、检疫关。抓好三个环节：控制传染源、切断传播途径、保护易感人群。定期对传染病防治管理工作开展自查。

2. 班级教师每日登记本班幼儿的出勤情况。对因病缺勤的幼儿，应当了解幼儿的患病情况和可能的原因，对疑似患传染病的，要及时报告给幼儿园疫情报告人。疫情报告人应及时进行排查，追查幼儿的患病情况和可能的病因，并将排查情况记录在“幼儿因病缺勤、传染病早期症状、疑似传染病病人患病及病因排查结果登记日志”(见表 4-3)上，以做到对传染病人的早发现。

3. 幼儿园内发现疑似传染病例时，应当及时设立临时隔离室，对患儿采取有效的隔离控制措施。临时隔离室内环境、物品应当便于实施随时性消毒与终末消毒，控制传染病在园(所)内暴发和续发。

4. 发生传染病期间，幼儿园应当加强晨午检和全日健康观察，并采取必要的预防措施，保护易感儿童。对发生传染病的班级按要求进行医学观察，检疫班与其他班相对隔离不混班、不串班(检疫班要有标志)，医学观察期间该班活动与其他班不得形成交叉，不办理入园转园手续。检疫期满后无症状者方可解除隔离。

5. 患传染病的儿童及工作人员隔离期满痊愈后必须持有医疗卫生机构出具的痊愈证明，方可返园。根据需要，来自疫区或有传染病接触史的儿童，检疫期过后方可入园。

6. 幼儿园应当配合当地疾病预防控制机构开展疫情和病例的调查和处理、应急接种、宣传教育等防控措施的实施，对被传染病病原体污染(或可疑污染)的物品和环境实施随时性消毒和终末消毒。

7. 卫生保健人员应当定期对儿童及家长开展预防接种和传染病防治知识的健康教育，提高其防护能力和意识。传染病流行期间，加强对家长的宣传工作。

表 4-3　幼儿因病缺勤、传染病早期症状、疑似传染病病人患病及病因排查结果登记日志

日期	姓名	性别	年龄	排查原因*	主要症状	是否就诊	排查结果	登记人

说明：排查原因分为以下三类，(1)因病缺勤；(2)传染病早期症状；(3)疑似传染病病人。排查原因：教师记录时只写序号即可，不用将原因都写。

【案例 4-6】

追访出来的“传染病”

在一次周二早来园的环节，一个小女孩晨检后刚到班里就吐了，保健医从其呕吐的状态判断应是生病引起的。该班教师描述这个孩子周一是请了事假，未来园。但是孩子自述其周日晚上就在家呕吐了，但家长却未在周一请假时说明。在追访中教师采取微信沟通、电话沟通等方式，再次询问家长孩子的情况。家长承认了周日晚上孩子在家呕吐，并上医院就诊查出有轮状病毒。

(来源：北京市通州区幼儿园　贾明)

此案例中家长和教师最初的做法都有欠缺。根据卫生保健相关要求，幼儿在家发生呕吐等不舒服的情况应及时报告给老师，但家长往往出于各种原因不愿上报。教师在缺勤追访的过程中未做到详细询问孩子请假的原因，有的时候多聊两句就能发现孩子真正的缺勤原因。

(二)推进免疫率：计划免疫精准落实

幼儿入园后，幼儿园与防疫部门共同完成对儿童的预防接种工作。幼儿园应建立预防接种制度。严格按照接种程序(种类、剂量、次数、间隔时间)等进行预防接种，防止漏种、错种或重复接种。通过对入园和在园幼儿进行预防接种的管理，可以为在园幼儿健康提供保障，有效控制传染病的发生和流行。

1. 做好预防接种的查验登记工作

在新生入园时、学期中和有新转入的幼儿时，保健医都要查验其预防接种证，并将疫苗接种记录填写在“儿童免疫规划疫苗接种情况登记表”上，掌握幼儿入园和在园时的预防接种情况。在查验过程中保健医要掌握每个年龄段需要接种疫苗的种类和次数，如满3岁时要完成流脑A+C疫苗的接种。

2. 做好预防接种补种工作

如果在查验中发现幼儿年龄已经到了接种疫苗的时间而未按照要求接种的，保健医应及时填写并向家长发放“儿童疫苗补种通知单”，提示家长带幼儿到其居住地或幼儿园所在地的预防接种单位进行补种。卫生保健人员应在查验后一个月内复验漏种儿童预防接种证，并将补种情况填写在“儿童免疫规划疫苗接种情况登记表”上。

在查验结束后保健医应做好漏种及补种儿童人数的统计工作，填写“儿童免疫规划疫苗补种情况汇总表”并将汇总表上报所在地预防接种单位。

3. 做好预防接种的通知、宣传工作

保健医要通过宣传栏、微信、公众号等多种平台，定期向在园适龄儿童家长进行按时预防接种的重要性和有关传染病知识的宣传，告知家长要及时给幼儿接种疫苗。

4. 做好发生传染病时的应急接种工作

当幼儿园发生疫苗可预防的传染病疫情，如水痘、麻疹、风疹、流行性腮腺炎等时，保健医应按规定填写“传染病登记册”，立刻向托幼机构所在地的预防接种单位报告。根据预防接种单位确定的应急接种范围和人数，发放“幼儿应急接种通知单”，请家长及时带幼儿到预防接种单位进行应急接种。

三、健康保育

(一)卫生消毒：常规建构于“常态”

幼儿园的消毒工作关乎幼儿的健康成长和生命安全，贯穿于幼儿的一日生活中。因此，幼儿园的卫生消毒以预防性消毒为主，在常态中进行。如早来园的保育员要对室内环境进行开窗通风，对水龙头、门把手等物品进行清洁消毒，中午就餐时要对桌椅进行消毒，晚离园对幼儿的毛巾、水杯、玩具消毒。总之，幼儿园做好消毒工作可以把传染源尽可能隔离或消灭在萌芽状态，减少或杜绝不安全事件的发生。

1. 幼儿园常用的消毒方法

(1)化学消毒法

班级消毒以化学消毒为主。幼儿园一般会使用含氯的消毒剂进行消毒，84 消毒液、健之素片等常作为常规使用的消毒剂对物体表面进行消毒，如用于桌椅、地面、卫生间物品表面、便池、水龙头等。

需要注意的问题：消毒用品统一由专人管理，统一放置在消毒用品柜内(幼儿够不到的地方)；消毒用品必须使用专用瓶，而不能使用矿泉水瓶灌装，以免引起幼儿误服；84 消毒液不能和其他清洁剂混合使用；在使用消毒液进行消毒时，要用清水进行清洗；保育员要知道配比的方法。保健医通过培训、在班级张贴消毒卫生标准要求、过程中跟进指导的方式，让每一位保育员掌握消毒配比和方法。

【案例 4-7】

红色的标记

消毒液浓度的配比关系到消毒的效果，因此非常重要，每位保健医和保育员都要掌握，每次保育员在进行配置的时候都需要使用量杯对消毒液、水进行测量，浪费了很多时间，幼儿园消毒的浓度一般是两种：250mg/L 和 50mg/L，为了节省时间，保健医将需要放入 1 升水的用量在盆中做好标记，保育员只需按标记放入适量的水再放入 1 片或 2 片消毒药片就可以了。

图 4-3　消毒标线

(来源：北京市通州区幼儿园　赵亚丽)

工作中的一个小妙招，一个小小的标志线，让复杂的消毒配比简单明了，让操作者的工作更快上手。

(2)紫外线消毒法

在幼儿园紫外线消毒可以用于空气消毒和物体表面的消毒，在对空气消毒时每立方米要1.5瓦，照射时间不少于1小时；在消毒物品时，在25～60厘米的距离下，照射20～30分钟。

需要注意的问题：紫外线灯的开关要和其他开关区分开，可以在开关位置上做出醒目的标志或加盖安全盒，避免人员误开造成伤害；在使用紫外线灯消毒时，门外要设立写有“正在消毒，请勿入内”的警示标牌，班级中的花草、小动物要搬到室外；每次消毒结束后保健医要记录消毒累计时长，如一个灯管可以使用1000小时，每使用1小时就减去1小时，即记录为999小时、998小时……使用时长用完后，就要及时更换灯管。

【案例4-8】

枯萎的叶子

今天是中一班和中二班进行紫外线消毒的时间，晚上幼儿离园后，值班教师将紫外线消毒车推进中一班和中二班进行消毒，打开消毒灯后，放好警示标牌，就离开了。第二天，中一班的孩子早来园后像往常一样给植物角的植物浇水，可孩子们发现有些花的叶子都枯萎了，养在鱼缸里的小鱼也死了两条。这时，老师们才想起来是因为昨晚消毒前没有把花和小鱼搬到室外，而负责消毒的老师也忽略了这个问题。

(来源：廊坊市直属机关第二幼儿园　赵亚薇)

此案例中发生植物和动物伤亡事故就是教师忽视了紫外线对动植物、人都会有辐射作用，因此在使用紫外线灯进行消毒时，要避免人员的误入。如果室内有动植物要做好遮挡或搬出室内。

2. 环境卫生与消毒

幼儿入园后的一日生活中室内活动占据了大部分时间，并且室内主要的活动场所是活动室、睡眠室和盥洗室，所以活动室、睡眠室和盥洗室的卫生对幼儿来说就显得尤为重要。幼儿园应高标准落实室内外环境卫生和检查制度。保持室内空气新鲜，环境整洁、安全、舒适，各项消毒制度严落实，要有检查、有指导、有记录，要有专人负责消毒工作，每项消毒工作落实到人；

消毒剂、各种设备的使用应符合要求，时间安排要科学合理，过程、方法要规范、有效。

(1)室外环境应每日清扫，室内湿式清扫，保持清洁整齐。室内定时通风，每天可以在早晨来园时、户外活动时、起床后的时间进行通风，每次至少10—15分钟(根据房屋大小、室内外温差决定通风时间)。在不适宜开窗通风时，需要使用紫外线消毒灯每次持续照射时间为60分钟。做好紫外线消毒灯的使用记录，内容包括日期、消毒班级、消毒原因及对象、使用时间及累积作用时间。保持玩具、图书表面的清洁卫生，每周至少进行一次玩具清洗(疫情期间每天幼儿使用过的玩具都要消毒)，每两周图书通风晾晒一次。床围栏、小桌椅等儿童接触密切的物件，每日清洁一次。门把、饮水水龙头、洗手用的水龙头要保持清洁，每天消毒一次。

(2)各班清洁用具(如扫帚、拖布、抹布等)要专用并标识清楚，拖布、抹布每次用后要及时清洗干净，并放在阳光通风处悬挂晾晒，干燥保存。

(3)厕所要幼儿专用，幼儿如厕后要及时冲刷，做到清洁、无异味。每天至少消毒一次。坐便器、便盆每次使用后要及时清洗消毒。

(4)夏季应有防蚊、蝇设备，及时消灭蚊、蝇、昆虫、鼠类等病媒生物。垃圾污物要及时清除，有专门容器集中密闭存放。

(5)新装修的幼儿园，室内环境要经有关部门检测，在合格范围内，方可投入使用[标准参照《室内空气质量标准》(GB/T 18883—2002)]。

3. 个人卫生与用品消毒

幼儿良好个人行为习惯对保护幼儿的健康，培养幼儿良好的意志品质有重大意义，是幼儿园保教工作的重点之一。《幼儿园教育指导纲要(试行)》中明确指出："教育幼儿爱清洁、讲卫生，注意保持个人和生活场所的整洁和卫生。""生活、卫生习惯良好，有基本的生活和自理能力"是幼儿园健康领域的目标之一。

(1)教师培养幼儿良好的卫生习惯，保证幼儿认真做到饭前便后用肥皂和流动水洗手，勤洗头洗澡换衣，勤剪指(趾)甲，保持服装整洁。保健医在巡班检查过程中也要关注幼儿的卫生情况。

(2)幼儿日常生活用品专人专用，保持清洁。幼儿每人一巾一杯，每天清洗并消毒一次，毛巾应放置在阳光通风处晾晒；设置有毛巾架，毛巾架有明确标识，毛巾互相不接触、不贴墙。刷牙杯、牙刷个人专用，保持清洁；牙刷每三个月更换一次(损坏及时更换)。幼儿梳子、拖鞋个人专用，保持清洁，每周清洗一次。

(3)全托园幼儿应每天洗脚、洗屁股，提倡用流动水冲淋清洗；无条件者，洗屁股盆需个人专用，保持清洁，每周消毒，洗屁股毛巾个人专用，每次用后消毒。

(4)移动儿童床位应有标识。被褥、凉席个人专用。日托园每月为儿童换选床单、被套、枕套(巾)一次，全托园每两周一次。被褥保持清洁、干燥，每月曝晒一次。床上用品有污物时要及时更换拆洗。枕席、凉席每日用温水擦拭。

(5)园所工作人员应保持仪表整洁，注意个人卫生，饭前便后、护理幼儿及接触幼儿食物前应用肥皂和流动水洗手，上班时不戴戒指，不得染指甲及留长指甲。

4. 饮食卫生与消毒

幼儿园要培养幼儿良好的饮食卫生习惯，使幼儿不偏食、不挑食，不吃零食。

(1)保健医要在学期初对保育员进行进餐各环节卫生要求的培训。

(2)饮水杯个人专用，每天清洗并消毒1次。用水杯饮用易附着于杯壁的饮品(如牛奶、豆浆)后，应及时清洗消毒。

(3)餐前应按“清—消—清”程序清洁桌面，餐后要擦拭干净。

(4)循环使用的餐具每餐使用后应在食堂集中清洗消毒。餐巾每次使用后要进行消毒。

在幼儿一日生活环节中保健医每月、每周要有检查指导的重点，保证每一项消毒工作标准的落实。

(二)班级保育：保教结合重“内化”

1. 为什么要实施保教结合?

保教结合是我国幼儿园教育的一大特色，也是幼儿园一贯坚持的原则。保护幼儿的生命和身心健康，同时对幼儿实施体、智、德、美全方面发展的教育。保育和教育二者相互渗透，相互结合，构成不可分割的统一整体。保中有教，教中有保。例如洗手、喝水、睡眠等，这些不仅是保育工作，也是教育工作。著名教育家陶行知指出：“全部的课程即全部的生活，一切课程都是生活，一切生活都是课程。”教育即生活。幼儿教育是人的启蒙教育，奠定一生发展的教育，保教工作做得好与坏直接影响幼儿的成长。保教工作是幼儿园全部工作的中心，保教结合是幼儿教师工作的重点。因此，保教人员必须坚持保教结合、保教并重的原则，做到既有分工，又有合作，真正将保教结合落实到班级工作中。

（1）幼儿生长发育的特点决定了幼儿园要做到保教结合

幼儿年龄小，自我保护及预防外界传染病的能力较弱，这就要求幼儿园教育必须以精心的保育为基础。教师要对幼儿进行科学的护理，包括户外活动的护理、生活护理，要为幼儿创设良好、整洁的活动环境，提供清晰、舒适的进餐及睡眠环境等，为幼儿的身体健康提供保障。同时教育他们遵守作息制度，养成良好的进餐习惯和卫生习惯，培养他们的自理能力等，从而促进幼儿健康成长。

【案例 4-9】

多吃蔬菜身体好

今天是小朋友第一次在幼儿园吃饭，我看到园园迟迟没有吃盘子里的菜，就走过去蹲在她的旁边鼓励她大口吃饭，她说："我不爱吃菜。"我对她说："咱们玩一个开挖掘机的游戏吧，小勺子就是挖掘机，你的小嘴就是搅拌机，我要开着挖掘机，把食物送到搅拌机里搅拌，搅拌机快张开嘴。"我拿着小勺送到她嘴边，她尝试着张开嘴吃菜，吃完第一口后，我鼓励她自己开挖掘机，她很开心地自己拿起勺子吃饭。过了一会儿她盘子里的菜都快吃光了，只剩下几片胡萝卜。园园说："老师我不想吃了。"我对她说："胡萝卜是小兔子最爱的蔬菜，多吃胡萝卜眼睛会变亮哦，你吃一块试试!"她听了之后吃了一块胡萝卜，瞪着大眼睛看着我，我开心地对她说："吃完胡萝卜眼睛都亮了!"最后，园园开心地把剩下的胡萝卜都吃光了。

（来源：北京市通州区幼儿园　裴佳星）

园园在家时，一直由老人带，吃饭、穿衣都是由姥姥帮着做。刚到幼儿园不知道怎么用小勺吃饭，老师在吃饭的过程中运用孩子喜欢玩的挖掘机游戏，用游戏的方式引导幼儿自己尝试用小勺一点一点地吃饭。老师运用游戏的形式帮助和教育幼儿逐步适应集体生活。

（2）幼儿的心理发展水平决定了幼儿园要做到保教结合

幼儿对教师的依恋和依赖能促使他们对幼儿园这个新环境产生归属感，

而教师对幼儿的宽容、亲近、友好能让幼儿产生强烈的信任感和安全感。幼儿的健康不仅仅是身体上的健康，心理健康同等重要。因此，教师要用亲切的态度、细心的呵护、温暖的怀抱以及精心的生活照料，耐心教育他们养成良好的生活习惯，为幼儿的心理健康提供“营养餐点”。

(3)幼儿顺利适应幼儿园的集体生活需要保教结合

幼儿离开一切都由爸爸妈妈或者爷爷奶奶包办的家，来到吃喝拉撒睡都需要学会自理的集体中，需要慢慢地过渡与学习，这需要一个过程。幼儿园要顺应幼儿的年龄特点，有计划、有步骤地逐步帮助幼儿成长，帮他们养成良好的生活习惯，所以，幼儿园的保教结合既是必要的，也是必需的。

【案例 4-10】

馨茹的成长

吃水果时，馨茹一边哭一边说着想姥姥，我一边用手在她的后背轻轻抚摸着，一边轻声地对她说：“老师知道馨茹想姥姥，馨茹可以想姥姥，我们可以这里想。”说着我用手摸了摸她的小胸脯，“你看小眼睛都哭红了。”我用纸巾轻轻地给她擦了一下眼泪，她真的不哭了。就这样，一会儿馨茹就把水果吃光了。

当老师请小朋友把玩具送回家时，她和小朋友一起把小拼图放好，看到她帮助小朋友送玩具回家，我及时地表扬了她。显然，她对自己得到老师的表扬感到很高兴。在接下来准备户外活动的环节，馨茹自己穿完了衣服，开心地和我说：“老师，这是我自己穿好的衣服，我还会拉小拉链呢!”听馨茹说完，我连忙对她竖起了大拇指说：“你真棒!”户外做操时，从不和老师一起做操的馨茹，今天都能跟着老师一起把各节动作做完整了。

（来源：北京市通州区幼儿园　韩霜）

亲子陪伴时，馨茹一直和妈妈在一起，也不参加集体游戏，分离焦虑现象较为严重。在幼儿园中，由于对环境、老师还有一些陌生，所以刚入园的前几天中她的情绪很不稳定，在她哭着说想姥姥时，她的情绪得到了老师共情，老师的语言让她了解到是可以想姥姥的，并且在做事后得到了老师的肯定与表扬，她的情绪很快就愉悦了很多，并且还愿意和老师一起参与集体活动。

2. 如何做到保教结合

第一，从思想上和管理上高度重视保教结合原则，树立保教结合的管理观念，将其落实到每个老师、每个班级。教师之间要共同协作，不分彼此，如在进餐环节中保育员和教师不仅要关注幼儿进餐时饭菜的热度、幼儿进餐的速度，还要关注幼儿就餐时的情绪是否愉快、坐姿是否正确。

第二，幼儿园应根据国家幼教管理的目的与要求，根据幼儿身心发展的客观规律，将保教结合原则纳入全园工作计划中，有目的、有计划地对幼儿进行保育和教育。这种目的性、计划性体现在幼儿园一日生活各项活动之中。教师应根据本园实际和幼儿年龄特点确定工作内容，制订工作计划，将保教结合原则贯穿整个教育任务。幼儿教师与家长保持联系，商讨符合幼儿特点的教育措施，共同完成教育任务。

第三，幼儿教师须定期参加业务学习和幼儿教育研究活动，提高保教质量。为了提高保育员保教结合的能力和健康意识，由保教主任和保健医负责保育员的业务学习，对保育员开展有针对性的培训，如每两周组织一次保育教研活动、采用生动活泼的形式进行健康知识培训、结合实际充分发挥老保育员的作用，以老带新、提高认识、增强实操水平。组织保育员学习“幼儿园一日生活常规”“保育员职责”等相关知识，使保育员在组织幼儿一日吃喝拉撒睡等环节时，做到“保中有教，教中有保”。

第四，规范管理、加强学习，提高保育队伍的整体素质。保教主任和保健医统一管理、统一要求，使幼儿园保育工作更加规范、整齐有序。保健医要带领保育员学习《卫生保健制度》《传染病防控制度》《班级物品消毒常规》，要求保育员以科学的态度和方法，保证各项工作到位，为幼儿创建一个美好、温馨的环境。

3. 保教结合的具体措施

(1)户外活动中的保教

教师在组织户外活动时，往往过多地重视幼儿活动的兴趣和锻炼的质量，而忽视了幼儿活动中的保育工作。为了提高幼儿对外界环境气温变化的适应能力，增强对多种疾病的抵抗能力，促进幼儿心理健康发展，必须在幼儿户外活动中采取各种保育措施，保证户外活动的质量。

①活动前

要组织幼儿进行喝水、如厕、整理着装，让幼儿穿着便于运动、宽松的服装；检查幼儿的鞋带是否系好，避免鞋带散开；为易出汗的幼儿背部垫好毛巾；检查活动场地、材料的安全。户外活动前，给幼儿讲解活动规则、流程以及注意事项，并做好示范，帮助幼儿树立规则意识。

②活动中

在户外活动中，要善于观察、了解，根据幼儿的突发情况适时调整活动量，防止情绪大起大落。通过观察、抚摸、询问等获取信息，随时对幼儿的运动量和活动密度进行调整，使幼儿全身得到舒展，为幼儿高质量户外活动打好基础。针对活动中幼儿出现的不恰当动作，及时进行纠正与指导。

观察：要随时观察幼儿在活动中的脸色、出汗情况及动作表现，如幼儿脸色红润、满头大汗，说明幼儿的活动量较大，这时教师要提醒幼儿注意休息，防止幼儿运动过量。反之，幼儿脸色无变化，动作幅度小，教师就必须提高其活动量，以达到运动的目的，同时要注意幼儿间的个别差异，对运动量强弱不同的幼儿，要视其能力调整内容，使幼儿在原有的水平上得到发展。

抚摸：对不容易出汗的幼儿，教师要摸摸额头、脖子；对出汗较多的幼儿可用毛巾垫在背部助吸汗，要提醒幼儿在活动中脱衣服，防止幼儿在活动后因汗闷在衣中而着凉。

询问：教师在活动中除了观察、抚摸之外，还应随时询问幼儿，并从幼儿实际考虑，根据回答的情况对幼儿活动量进行增减，并给予相应的照顾。

③活动后

活动后的保育工作往往被忽略，而这时正是幼儿身体状况容易突变的关键时刻。所以，增强活动后的保育意识，使幼儿平稳地恢复到运动前的状态非常重要。活动后应鼓励幼儿喝水，以补充在活动中失去的水分，但不能一次性喝得太多，因为一次喝下大量的水，不但会增加心脏的负荷，严重的还会引起肠胃痉挛。因此，教师要注意活动后的饮水问题，保证幼儿适度喝水。

在活动后要引导幼儿正确使用毛巾，将额头、颈部的汗擦干，对出汗较多的幼儿，教师要及时地为他们换下湿内衣。当幼儿情绪平稳不再出汗时，教师要提醒幼儿及时穿上衣服，以免着凉。

【案例 4-11】

点豆豆、抹油油

天气寒冷、干燥，活动后如果幼儿洗完手不及时抹油，遇到冷空气，特别容易造成皮肤不适，严重的还能形成冻疮。每次洗手后，引导幼儿抹油是非常重要的工作。教师根据不同幼儿的年龄特点，采用不同的方法引导幼儿做好自我护理。小班幼儿年龄特点是爱模仿，教师可以引导幼儿玩“点豆豆”的游戏。用游戏的方式让幼儿将一个个黄豆粒大小的“油豆豆”点在手心、手背等不同部位，然后均匀地抹开。这种方式引导幼儿快乐抹油，可以增加趣味性，他们都积极主动来找老师“点豆豆”，而并不是乏味地等着老师来给抹油。小手腕和虎口位置比较特殊，幼儿抹油的时候很容易忽略，一定要提示他们，这些部位都要抹到。

（来源：北京市通州区幼儿园　赵亚丽）

小班幼儿年龄小，生活自理能力弱，教师能够依据幼儿的年龄特点运用“点豆豆”游戏的方法，引导幼儿正确抹油，让幼儿在游戏中学会了自我护理。

总之，在活动中要将幼儿放在首位，随时观察，关心了解幼儿在活动中的状况，切实做好保育护理工作，同时还要加强对幼儿心理学、卫生学的学习，用科学的方法提高护理水平，增强保育质量，真正服务于幼儿。

(2)午睡的护理

在午睡前教师要进行午检，用测温仪测量体温，提示小女孩把发夹、装饰物摘下来，不带小件物品上床。如在午检过程中发现幼儿体温超过 37.3℃时，要及时联系保健医。教师在幼儿午睡时要不时地进行巡视，发现幼儿趴着睡觉要调整好幼儿的睡姿，要让幼儿进行侧卧，发现幼儿被子没盖好也要及时帮助幼儿盖好避免着凉，发现幼儿面色潮红、呼吸急促时，要测量一下体温，看看是否发烧。保健医要在幼儿午睡环节进行巡视，发现问题及时解决。

【案例 4-12】

鼻腔里的异物

齐齐是小班的小朋友，特别喜欢亮晶晶的小贴画，老师也经常用小贴画来奖励他。今天中午，齐齐把午饭都吃完了，而且特别干净，教师像往常一样奖励了他一个小贴画。起床时间到了，老师在进行午检时齐齐说鼻子有点疼，教师及时将他送到了医院。经医生检查发现，齐齐鼻腔里有个小贴画，原来是他在午睡的时候将老师奖励的小贴画塞到了鼻腔里，拿不出来了。

（来源：北京市通州区幼儿园　赵亚丽）

此案例中造成鼻腔疼痛的异物就是老师们平时也会用到的小贴画，由于幼儿年龄小、好奇心强，在午睡的过程中将小贴画塞到了鼻腔里，在午检的过程中教师没有发现齐齐将小贴画带上床。午睡值班教师除了叮嘱幼儿上床前不要将小件物品带上床之外，午睡中还应该做好巡视，及时发现幼儿的问题，排除危险。

(3)离园前的护理

离园环节的护理工作也很重要，在小班由于幼儿自理能力较弱，经常会穿反鞋、穿反衣裤，有时还会把尿、屎拉在裤子里，因此在离园环节教师要检查一下幼儿穿戴是否整齐，衣裤、鞋子是否穿对了，衣服是否都已塞好。

【案例 4-13】

尿湿的裤子

今天乐乐妈妈到幼儿园接乐乐，发现孩子有点不开心的样子，乐乐妈妈当时着急回家也没在意。回到家妈妈这才发现原来乐乐是在吃完晚饭后准备离园的时候尿湿了裤子，乐乐妈妈很不高兴，就打电话给老师，责问老师为什么没有发现乐乐尿湿了裤子。

（来源：北京市通州区幼儿园　赵亚丽）

在离园环节教师要提醒幼儿上厕所，并做好离园检查。可以通过一看二摸三问四查的方法进行检查：一看幼儿的衣裤有没有穿反，二摸有没有尿湿，三问今天在幼儿园有没有发生不开心的事，四查幼儿体温是否正常。

第三节　卫生保健管理的措施

一、设立有效的卫生保健组织机构

要设立有效的卫生保健组织机构，按要求配备卫生保健人员，健全卫生保健制度，加强各类人员培训和强化卫生保健工作监督力度。

(一)建立卫生保健组织机构

幼儿园要通过建立适宜的机构，确定领导及其职权分工，使幼儿园内部各部门、各人员各司其职，以顺利完成卫生保健工作的目标。幼儿园应将卫生保健工作置于管理的重要位置，建立专门的机构，调动各方面的力量，具体负责全园卫生保健工作的开展。幼儿园的卫生保健内容繁多，主要涉及的人员有卫生保健人员、班级保教人员和炊事员。因此，要建立由分管卫生保健的园领导、卫生保健人员、保教人员和炊事员组成的卫生保健机构。① 根据园所实际安排卫生保健组织机构的层次，明确各类人员的分工，将卫生保健工作层层分解，层层落实到卫生保健人员、班级保教人员和炊事员上，逐步形成“园长主抓—副园长分管—卫生保健人员指导检查—保教人员、炊事员共同实施—家长密切配合”的卫生保健网络。此外，要做好幼儿园卫生方面的工作，幼儿园可成立卫生工作小组。幼儿园卫生工作小组成员由主管园长、卫生保健人员、保教人员、后勤人员等构成。

（二）按要求配备卫生保健人员

幼儿园卫生保健人员的业务水平的高低直接关系到幼儿园的卫生保健质量，按要求配备数量足够、专业素质优良的卫生保健人员就显得尤为重要。按卫生保健人员与幼儿人数比 1∶100 的比例配备卫生保健人员。除了配备数量足够的卫生保健人员，还应努力提高卫生保健人员的自身素质和业务水平。幼儿园卫生保健工作综合性强，涉及面广，幼儿园的卫生保健人员的职责是配合园领导、带领幼儿园工作人员完成卫生保健工作，这就决定了幼儿园的卫生保健人员不同于一般的医生、护士，除了要懂得急救常识和防病知识，还要掌握卫生消毒、营养膳食管理等技能。因此，卫生保健人员应不断学习卫生保健新理论、新知识和新方法，才能提高幼儿园卫生保健整体水平。如《幼儿园管理办法》和《北京市托幼机构卫生保健工作常规》对幼儿园的卫生保健工作做出了详细的说明，各个幼儿园园领导可组织园内工作人员尤其是卫生保健人员仔细研读这些文件。

【案例 4-14】

每天 200 次的问候

晨检的环节中，每个保健医平均每天都要面对 200 人以上的幼儿，一个抬起手、低下头的动作，一周要重复 1000 次，一个月要重复 2.1 万次以上。

① 谢美玲：《江西省城市幼儿园卫生保健现状及对策研究》，江西师范大学硕士学位论文，2015 年。

我们园的保健医也充分发挥了这一环节的价值，每天他们会跟每个幼儿道："早上好！"看到孩子指甲长了会提示家长和幼儿回家剪指甲，看到孩子的脸上或者身上出现小伤都会询问原因，将晨检的"四部曲"拓展为"六部曲"，看面色、皮肤、指甲、嗓子，问情况，判断异常。将短短30秒的工作内容，变成与幼儿互动的游戏。他们用行动践行着"一日生活皆课程"的理念。

（来源：北京市通州区幼儿园 贾明）

卫生保健人员的素质直接关系卫生保健工作的质量，他们的耐心、爱心和职业素养，是完成工作的保障，更是园所理念践行的第一道风景。

二、健全卫生保健制度

俗话说，无规矩不成方圆。大到国家治理，小到游戏活动，都需要规则维系。幼儿园卫生保健工作繁杂，是一项全园性的工作，就更需要将各项卫生保健工作的要求、常规做法、工作程序和工作人员职权和行为准则等做出系统的规定，并用条文的形式固定下来，形成制度，使卫生保健工作事事有章可循，人人明确职责，以保障卫生保健工作的顺利开展。如果卫生保健制度不健全，容易导致各类工作人员不受约束、随意性大，出现各行其是、疏于职守的不良现象。幼儿园卫生保健制度不健全，在很大程度上会影响幼儿园卫生保健工作成效。所以各个幼儿园应重视卫生保健制度的建立健全情况，并根据《托儿所、幼儿园卫生保健工作规范》和本园实际，健全十项卫生保健制度。在健全卫生保健制度的同时，要重视岗位责任制的制定。岗位责任制是各项规章制度的核心。为保证制度的执行，幼儿园要将卫生保健制度和岗位责任制相结合。抓好岗位责任制，有利于实现人人有专责，事事有人管，办事有标准，才能保障其他制度的执行。岗位责任制内容应包括工作任务、内容、方法和质量要求。为进一步规范各类人员的行为，最好根据各类人员的一日工作程序（或一日工作安排），如保育员一日工作程序，保证各类人员协调一致，顺利开展卫生保健工作。各种制度一旦制定，就必须加大宣传，重在落实。

【案例 4-15】

暴发的传染病

周一，某幼儿园幼儿来园后，有一个班级上午出现了一名发热的幼儿，幼儿被送到医务室后，保健医简单检查了一下就通知家长来园接走了幼儿。下午该班又接连出现了两名发热幼儿，保健医未上报，又是直接通知家长把幼儿接走了。第二天、第三天该班又接连出现了发热病例，直到出现了10例，该园保健医才向当地的卫生部门上报了情况。经过卫生部门的研判，确定该班出现了聚集性发热，需要停课一周。

（来源：北京市通州区幼儿园　赵亚丽）

此案例中的保健医在发现疑似传染病后，并没有按照《传染病预防管理制度》中的要求去执行，未及时采取上报、追访、隔离等相关管理措施，造成了传染病在园内的暴发。保健医未履行好相关的岗位职责。

三、加强各类人员的培训

幼儿园的卫生保健工作繁杂，几乎涉及幼儿园每一个工作成员。幼儿园卫生保健工作的顺利开展，需要保健人员、幼儿教师、保育员、炊事员等各方面人员的共同努力。要提高幼儿园卫生保健工作水平，就要加强各类人员的卫生保健工作能力。首先要提高各类工作人员思想上的认识，理解“为什么要这样做”，各类人员清楚地认识到卫生保健工作在幼儿园中所具有的特殊意义，明白做好卫生保健工作的重要性，才能更好地从行动上主动配合园领导和卫生保健人员，解决“做什么”的问题。其次，各类人员工作性质不同，要根据教师、保育员、后勤人员等不同的工作性质制订不同的培训计划，如炊事员需要懂得一些食品安全、营养的知识；食堂管理员需要做好食品的卫生安全工作等，培训重点就应该包括食品验收、加工烹饪、饭菜分发、卫生消毒、资料的登记以及消毒记录的填写等；教师需要严格按照一日生活制度组织幼儿的活动，做好班级幼儿身心保健工作，对其培训重点包括全日观察指导、体弱儿或肥胖儿等特殊儿童的护理、意外伤害急救、疾病预防、心理卫生保健、家园联系等；保育员需要掌握卫生消毒的技能，以及配合教师管理幼儿在园的生活和卫生等工作，对其培训重点应该是各类物品的清洁保管、消毒方法、消毒记录以及幼儿的生活护理等。此外，尤其要加强对保教人员伤害预防相关知识和急救技能的培训。要按《托儿所、幼儿园卫生保健工作规范》要求定期对保教人员开展伤害预防相关知识和急救技能的培训，每季度要对保教人员开展一次包含膳食营养、心理卫生、疾病预防、儿童安全以及良好行为习惯的培养等内容的健康教育讲座。

【案例 4-16】

培训助力应急演练

在新冠肺炎疫情常态化背景下，开展应急演练活动成为常态化防控的一项重要工作。为了做好应急演练的各项准备工作，保健人员组织开展了关于穿脱隔离防护服的培训活动，为演练活动做好技术支持。

活动伊始，由保健人员对穿脱隔离防护服的理论知识进行了介绍，结合穿脱防护服的视频对穿脱的方法、步骤和注意要点进行了详细的讲解。同时保健人员进行了操作演示，和老师一起对穿脱的步骤进行梳理和记录，解析关键环节及要点，使老师们对基本流程有初步的了解。

接下来，保健人员组织大家进行小组讨论和实操。教职工每三人一组，大家对照梳理的步骤图轮流进行操作，练习穿脱的方法，进一步熟悉步骤流程。一个人进行穿脱操作，另外两人根据操作情况进行纠错，对不正确的操作需反复进行练习，再次巩固关键要点。同时保健人员分别进入各组，针对不同的问题进行有针对性的技术指导，纠正错误动作，提高穿脱防护服的科学性和严谨性。

经过以上两个阶段的学习和反复操作后，大家基本掌握了防护服的穿脱方法和流程。接下来由保健人员对照流程标准要求分别对每位教职工穿脱流程的实操情况进行评定，并对评定过程中出现的问题点进行记录汇总，最后通过个别交流的方式进行进一步的指导，帮助大家真正掌握防护服穿脱的正确方法。

通过此次系列培训活动，大家掌握了穿脱防护服的方法，并为应急演练工作的顺利开展提供了技术保障。

（来源：北京市通州区牛堡屯中心幼儿园　吴利利）

新冠肺炎疫情常态化背景下，需加强各项防控技能的培训，以达到“织密”防护墙的目的。保健人员抓住应急演练的活动契机，开展穿脱防护服的技术培训活动，不仅为应急演练活动做了保障，还通过培训使教职工获得技能提升。保健人员在培训中通过集中学习、小组学习、个别跟进等多种方式进行，最终使培训对象真正掌握相应的技能。此项培训活动由理论学习到操作实践，通过学习、操作、纠错、反复实践、考核评定等多种方法逐渐深入，最终使教职工掌握防护服穿脱的方法，通过培训真正发挥保健防护质量提升的作用。

四、加强对幼儿生活管理的力度

科学地制定作息制度。幼儿一日活动的安排直接影响幼儿的健康发展，因此，幼儿园管理者要予以足够的重视。科学、合理的一日活动安排，不仅能使幼儿劳逸结合，养成良好的生活习惯，提高幼儿园各个环节的效率，而且有利于幼儿园各项工作有计划、有步骤地进行。如有些幼儿园的一日活动安排普遍是大、中、小班用同一生活制度，没有体现出年龄特点。有些幼儿园虽将小、中班和大班活动区分，但也只是调整活动的顺序。不同年龄段的幼儿在生长发育上存在较大的差异，因此一日活动的安排必须符合幼儿不同年龄段特点。一般来说，幼儿年龄越小，午睡的时间就相对越长。大班午睡的时间可以比中、小班稍短，同时，大班要为升小学做准备，需要保证幼儿充分的学习活动和良好的学习习惯的培养。而小班幼儿的生活自理能力较差，进餐、午睡、起床的时间可以安排长一点。

五、重视常见疾病的预防和管理

常见疾病的预防和管理主要包括幼儿的心理卫生保健、幼儿五官保健和特殊儿童管理。

(一)重视幼儿的心理卫生保健

幼儿园应重视儿童心理行为保健，开展儿童心理卫生知识的宣传教育，发现有心理问题的儿童及时告知家长到医疗保健机构进行诊疗。要做好心理卫生保健，幼儿园就应从幼儿的心理特点出发，坚持发展优先①和防重于治的策略。“发展优先，防重于治”，是指幼儿园的心理健康教育应先着眼于发展幼儿良好的心理素质，注重维护与促进幼儿心理健康，而不是将工作重点放在心理出了问题的幼儿的矫治上面。卫生保健人员也要指导保教人员注意幼儿情绪上的反差现象，及早发现有心理障碍的儿童予以治疗。如儿童频繁地表现出焦躁不安、焦虑，注意力不集中，过度害羞、安静等现象时，就需要引起家长和教师的重视，并进行有效的观察和治疗。

---

① 谢美玲：《江西省城市幼儿园卫生保健现状及对策研究》，江西师范大学硕士学位论文，2015年。

【案例 4-17】

不一样的佑佑

小班入学初期，一个男孩引起了我的注意，他叫佑佑。小朋友在分离焦虑的情绪下纷纷哭闹个不停，但是在老师的安慰下都是哭一会儿停一会儿，或者对新的玩具很感兴趣，玩一会儿玩具哭一会儿，还有的和喜欢的好朋友一起玩就不哭了。但是佑佑不停哭闹，表现出剧烈的情绪和动作反应。他对老师的安慰根本听不进去，不关注新的环境，不关注老师和小朋友的活动，不能和老师、小朋友进行目光对视，不知道幼儿园是干什么的地方……最严重的是他不知道自己的名字，不会叫妈妈和老师。别的小朋友会边哭边说想妈妈要回家，而佑佑只是不停地大声哭闹，嘴里发出“啊”的声音。他的语言几乎为零，注意力几乎为零，社会交往几乎没有。动作不协调，情绪不稳定……从多个角度看都和大多数小朋友不一样。户外区域游戏开始了，佑佑在各个区之间晃来晃去，很难在一个游戏区里面专注进行游戏。

最近幼儿园新创设了一面管道游戏墙，正好由我来负责。于是我决定通过游戏来培养佑佑的注意力。我把佑佑带到管道墙前对他说：“今天李老师和你玩儿一个好玩的游戏。你把手放在管道的下面接住小球，我在上面给你放球。”我先从一个直管道给佑佑放球，他接住了。我又从一个弯管道给佑佑放了同一个球，他也接住了。我问佑佑：“我从同样的高度放同一个球，你感觉两次有什么不一样?”佑佑说：“第一次小球下来得快，力量大。第二次小球下来得慢，小球力量小。”“是吗？这次换你放球，我接球。”我们交换游戏角色又玩了起来。明明和楠楠也想参加我们的游戏，我于是说自己还有事，退到了离他们不远的地方进行观察。只见佑佑在指导明明和楠楠如何玩游戏，还说：“你们看看同一个小球同一个高度，小球两次有什么不一样?”

（来源：北京市通州区幼儿园　李克难）

考虑到佑佑的注意力容易分散，不容易集中，教师想到了用小球进洞的游戏刺激佑佑的触觉感知来提高他的注意力。同时引导佑佑通过直接感知、实际操作、亲身体验与游戏材料进行有效互动，在玩的过程中发展幼儿的注意力。教师还用支持性的提问帮助佑佑用语言表达自己的感受与想法，梳理自己的有益的学习经验，鼓励佑佑与同伴互动游戏，将自己有益的学习经验进行再现和输出，在培养他的注意力的同时也促进其良好社会性的发展。通过个案学习与融合学习相结合的方法，不断对佑佑进行融合教育，佑佑的注意力集中的时间变得越来越长，学习能力也得到了极大提升。

(二)加强幼儿的五官保健

幼儿园要定期开展幼儿眼、耳、口腔保健，发现患病儿童要进行登记管理，并及时跟家长联系，让家长带领患病儿前往医疗机构进行检查和矫治，督促家长将矫治情况反馈给幼儿园。幼儿园平时还应做好五官保健工作，如室内的光线要充足，不让幼儿在光线过强和过暗的环境下看书，饭后要漱口，少吃甜食，睡前要刷牙等。教师也要对幼儿开展五官保健的活动和创设相关的环境。由于现在各个幼儿园龋齿的患病率都很高，因此，对五官的保健尤其要重视牙齿的保健。幼儿还未长恒牙，乳牙的牙釉质薄于恒牙，矿化的程度也更低，容易形成龋齿，且一旦受侵蚀后，就会迅速扩散。幼儿患龋齿却又较少感觉到疼痛，导致成人难以及时发现问题，此外有些家长以为乳牙会被恒牙替代所以不太重视，导致幼儿居高不下的龋齿率。幼儿园卫生保健人员应当重视幼儿牙齿的保健，并加强对保教人员和家长的教育指导，可通过讲座、家长会、网络、公众号等形式向保教人员和家长宣传幼儿牙齿保健知识，让保教人员和家长了解龋齿的危害，从而让教师对幼儿进行健康教育活动，以及和家长配合做好幼儿牙齿保健工作。

(三)加强特殊儿童的管理

幼儿园应对患有贫血、营养不良、肥胖等营养性疾病的儿童进行登记，并及时联系家长，为家长讲解膳食平衡的必要性和重要性，争取家园配合，以食疗为主，为幼儿提供营养均衡的膳食。有条件的幼儿园，也可制定特殊膳食。此外，还要注意体格锻炼和护理相结合，做好体弱儿或肥胖儿的保育工作。要根据体弱儿个体差异，制订体弱儿锻炼计划，遵从循序渐进、持之以恒的原则，组织体弱儿的体格锻炼。每隔一两个月对体弱儿童进行体检，了解干预的情况，发现问题及时改正，同时做好资料登记工作。对患有先天性心脏病、哮喘等疾病的儿童，要注意指导班级保教人员做好全日健康观察和保育护理工作。

【案例 4-18】

长高的涵涵

涵涵，男，2018 年 5 月 8 日出生，入园体检显示幼儿身高 91.0cm、体重

12.00kg，评价为低体重、生长发育迟缓。在与家长沟通的过程中了解到，涵涵因早产从小体质弱，偏食，不爱运动，睡眠质量不好。保健医将了解到的情况记录在“体弱儿童及肥胖儿童登记册”上，并将情况反馈给班级教师，同时向教师了解涵涵在园的进餐、睡眠、运动情况。涵涵在园进餐时，情绪良好，但进餐量较少，每次进餐不加餐，存在挑食现象，睡眠质量较差，随时会醒来，醒后很难入睡，也不爱运动。根据这些情况，保健医在饮食、睡眠、运动等方面提出了合理化的建议：1. 营造良好的进餐环境。通过正确的引导法，鼓励幼儿多食，使其达到正常的进餐量。每日与家长沟通幼儿在园进餐情况，促使家长在日常生活中正确引导，从而实现家园共育。2. 根据幼儿园一日生活时间安排，合理安排幼儿的运动量，动静结合，适量做蹦跳运动，如小兔子跳、青蛙跳等。建议家长增加幼儿的户外活动次数与活动量，增强幼儿体质。3. 随时关注孩子的睡眠情况，适时安抚、循序渐进增加幼儿的午睡时长，帮助幼儿养成良好的睡眠习惯。4. 每月对其身高、体重进行监测。通过一学年的干预管理，现幼儿进餐情况良好，已无偏食现象，也比较爱运动了，睡眠也好了许多。幼儿现在身高 100.5cm、体重 13.50kg，已从低体重、生长迟缓转为正常。

（来源：北京市通州区幼儿园　何柳）

六、提高卫生保健信息的管理水平

幼儿园的卫生保健资料记录了幼儿园卫生保健工作的详细内容，是幼儿园管理重要的资料。准确、可靠、科学的资料可以保证工作的连续性，有利于积累经验、摸索规律，也可以为幼儿园管理者的决策、对各方面人员的工作评估和下阶段工作的安排提供依据，从而提高管理水平。因此，对卫生保健资料的管理也是卫生保健的一块重要的内容。

幼儿园卫生保健工作繁杂，相应的资料也多，如儿童出勤登记表、晨午检及全日观察记录、在园幼儿带药服药记录、膳食管理委员会会议记录、膳食营养分析表、卫生消毒记录表、常见疾病登记表、传染病登记表、营养性疾病（体弱儿）登记表、儿童伤害登记表、健康教育登记表等，还有定期对儿童出勤、健康检查、膳食营养和疾病等进行统计分析的记录。因此，幼儿园应当加强卫生保健资料的登记，逐步获得比较准确的卫生保健资料，尤其是加强常见疾病登记、儿童伤害登记、体弱儿登记、膳食营养分析、健康教育登记和膳食管理委员会会议记录等。要对信息进行有效的管理，不仅要做好信息收集工作，还要重视对所收集的资料进行统计分析，如对儿童出勤、健康检查、膳食营养、常见病和传染病等进行统计分析，以便掌握儿童健康及营养状况。卫生保健信息的有效收集，有利于对整个卫生保健工作做出全面的评价，肯定成绩，找出不足，吸取经验教训，并根据所获取的信息及时地调整实施方案，为新的管理工作奠定基础。

【案例 4-19】

析出勤数据　察保健质量

数据登记、统计是保健工作的重要内容之一，每月底最后一个工作日，保健医都会将各班级的登记表、记录表等收集上来，其中重要的一项就是幼儿出勤登记表和缺勤追访记录。通过统计，分析幼儿的出勤情况可以发现工作中的问题和不足，制定和实施有效的工作策略。

十一月底，各班老师将记录表上交完成后，保健医立即开始了数据的登记、统计和分析工作。首先将各班级的出勤人数、病假人数、事假人数逐一录入电脑中，生成当月全园出勤率、各班级出勤率、病事假率等基本数据，然后对这些数据进行了分析。

保健医对该月数据进行了横向对比。将各班级出勤率、病事假率进行对比，一般采用柱状图对比，这样可以了解到班级之间、年级之间出勤率的差异；再通过饼状图了解病事假率在各班级、各年级的占比情况。

在该月的数据对比中，中一班幼儿出勤率明显低于本年级组其他班级，且病假率占比非常高。保健医将中一班的出勤表、缺勤记录进行了详细查看，病假多是幼儿感冒、流鼻涕、咳嗽等原因，因此，保健医着重加强了对中一班一日环节的观察和指导，她发现在孩子起床时，中一班的张老师立即到厕所指导幼儿如厕，并随手打开了窗户；户外活动时，有几个孩子穿着的棉衣过长且过于厚重……保健医将观察到的情况与张老师进行了讨论，通过边复盘环节细节边分析，张老师也发现了问题所在：孩子刚刚起床穿着单衣，这时如果去开着窗户的厕所很容易着凉，应调整起床开窗的时间；户外幼儿穿着过长的棉衣活动容易发生跌倒等安全事件，且活动量较大，容易出汗，在较冷的户外极容易着凉。掌握这些情况后，幼儿园积极主动联系家长，指导家长为幼儿准备合适的棉衣，并指导幼儿根据天气情况进行穿着等。通过反复不断的讨论和指导，中一班的日常护理工作有了较大的改善，十二月幼儿的病假率有所降低，出勤率较十一月也有了上升。

除了进行数据横向对比，保健医还进行了动态对比，通过一整年的数据曲线图，发现了在冬季，幼儿出勤率都偏低。因此，保健医开展了疾病预防、冬季护理培训活动，指导保教人员学习有关疾病的知识，并提高其实践应用能力。通过保健会议、保育员会议，幼儿园对日常工作中出现的问题进行研讨，寻求解决方法，对经验进行分享，有效提高了保健人员工作能力和保育老师的护理能力。

（来源：北京市通州区牛堡屯中心幼儿园　吴利利）

幼儿出勤登记和分析是保健人员开展培训、检查指导工作的重要依据。通过统计和分析幼儿出勤数据，发现班级中护理不当的问题，采取一对一指导的方式提高保育人员护理能力；通过培训、会议等方式加强保育人员对相关知识的了解，提升护理能力。数据结果的应用使保健工作形成良性循环，从而达到提升保育、保健工作质量，最终发挥数据统计工作的真正作用。

七、加强卫生保健的监督力度

对卫生保健工作的检查是保证卫生保健制度执行的一种有效措施，通过检查管理者能全面掌握一定阶段的工作进度和工作质量，以便及时地发现问题，调整工作，保证卫生保健制度的落实。对卫生保健组织机构的成员的实际工作情况进行检查，可以起到监督、考核的作用。因此，要加强卫生保健的监督力度，幼儿园卫生保健人员作为园长管理卫生保健工作的助手，就需要进行定期和不定期的检查，以便及时掌握情况；检查还应和指导相结合，加强指导，以便在发现问题时第一时间做出调整，不断改进卫生保健工作的质量，保证卫生保健工作目标的完成。此外，还应建立考核和奖励制度，建立奖惩制度可以赏功罚过，功过分明，保证其他规章制度的贯彻进行。没有考核评价就很可能出现有章不循的现象，造成各项规章制度成一纸空文，流于形式。

总之，幼儿园要实现精细化管理，必须通过卫生保健工作，实施良好的保育与教育，促进幼儿健康成长。

【拓展阅读】

推荐图书：

杨玉红：《学前儿童卫生与保育》，天津科技翻译出版有限公司、南开大学出版社，2015 年版。

推荐理由：

《学前儿童卫生与保育》一书以现代健康观和健康促进理念为引领，广泛汲取前人的研究成果和实践经验，系统地阐述了学前儿童卫生与保健的相关知识。全书共八章，主要内容包括学前儿童体格生长特点及评价、学前儿童生理发育特点与保育、学前儿童心理发展特点与保育、学前儿童膳食营养和卫生、学前儿童生活卫生与保育、托幼机构的环境卫生、学前儿童常见生理疾病的预防及控制、学前儿童伤害和托幼机构安全防护。介绍了学前儿童的健康决定因素和健康促进策略，从儿童体格和各系统生长发育、心理和社会发展的规律与特点入手，阐述了幼儿时期的各项保育工作和卫生保健要点，多种常见生理和心理健康问题的症状表现与识别方法、产生原因与预防控制策略及必要的护理和应对技巧。围绕如何营造有利于儿童健康发展的托幼机构环境，详细介绍了学前儿童膳食营养安排与食品卫生管理、日常保教活动安排的卫生要求、建筑设施设备用具配置和社会心理环境设置的要求、儿童伤害相关的安全防护与管理以及现场急救方法等。

《学前儿童卫生与保育》一书可以供学前教育专业学生使用，也可作为幼儿教师的在职培训教材，并适用于从事幼教专业的人员和家长学习、参考。

【本章小结】

本章通过卫生保健管理的原则、内容与措施几个方面，依据幼儿身心发展规律的特点，详细介绍了如何做好卫生消毒和防疫免疫工作，如何科学地做好保育、教育工作。做到有标准、有方法。

【讨论与思考】

1. 幼儿园卫生保健管理都有哪些方面的内容？
2. 幼儿园防控传染病有哪些具体措施？

第五章　后勤膳食管理

——不仅是“吃”这么简单

【本章要点】

- 了解后勤膳食管理的原则，明确膳食管理的意义与价值；
- 掌握膳食管理工作的主要内容，实施精细化管理；
- 探索做好幼儿园膳食管理的能力。

【本章关键词】

膳食管理；培训；能力

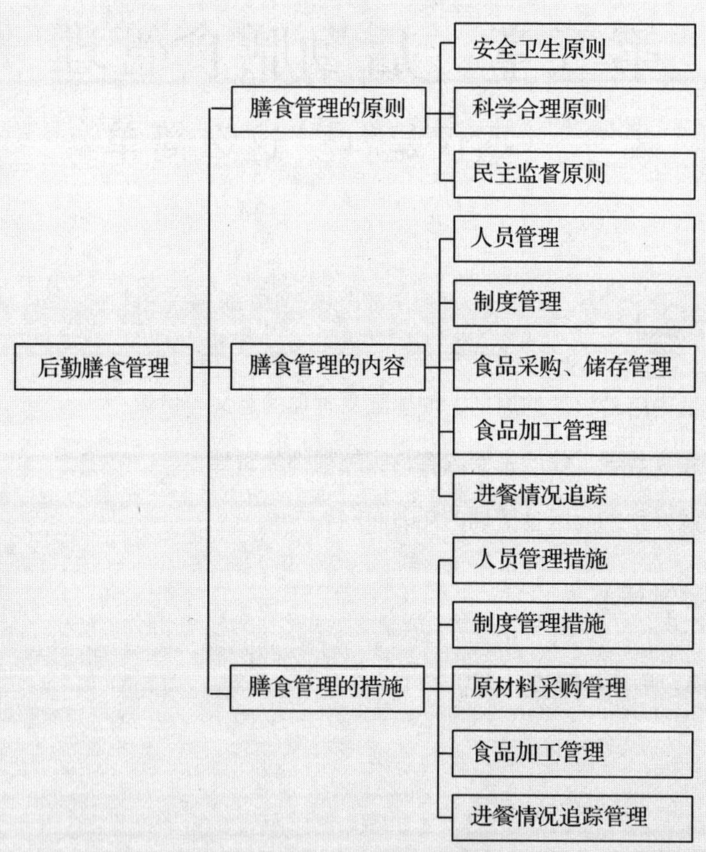
后勤膳食管理
膳食管理的原则
安全卫生原则
科学合理原则
民主监督原则
膳食管理的内容
人员管理
制度管理
食品采购、储存管理
食品加工管理
进餐情况追踪
膳食管理的措施
人员管理措施
制度管理措施
原材料采购管理
食品加工管理
进餐情况追踪管理

膳食管理是幼儿园管理工作的重要组成部分，是幼儿园与社会、家庭联系的纽带，是幼儿与教职工身体健康的有力保证。当今社会，快节奏的工作和生活导致饮食习惯频频被打乱，肥胖、高血压、糖尿病等“生活习惯病”患者逐年增加，且呈现年轻化趋势，甚至在孩子们身上发生。为此，人们开始越来越多地关注身体健康，幼儿园的膳食管理工作更是受到社会、家庭的广泛关注。对于幼儿园来说，我们应牢固树立“安全、健康、科学、民主”的理念，无论是幼儿园的管理者还是教师，都应该以维护幼儿身体健康为出发点，牢记自己保教育人的使命，树立精细化管理的工作观念。从园长、后勤管理者到保健医、厨师，都要高度重视膳食工作，明确自己的工作职责和岗位责任。无论是从膳食管理的原则还是内容等方面，都要建立系统的标准，以促进幼儿体格健康、发育健全，为幼儿的日常生活提供足够的能量，增强抵御疾病的能力。

第一节　膳食管理原则

俗话说，“民以食为天，食以安为先”，膳食营养的前提是食品安全。在幼儿园工作中，保证幼儿生命安全与身体健康是一切工作的重中之重。幼儿生长发育期间，营养是最重要的物质基础，只有均衡的营养、安全的操作、科学的管理才能够促进幼儿的健康成长。幼儿身体机能还不成熟，抵抗力较差，倘若幼儿园食品安全卫生工作没有做到位，导致食品安全出现问题或膳食之间搭配不合理，则很有可能引发食源性疾病，甚至会出现食物中毒，所以必须要加强这方面的监督与管理。

一、安全卫生原则

为落实国务院和国务院食品安全委员会关于加强食品安全工作的一系列部署，进一步加大食品安全卫生工作力度，幼儿园成立了以园长为第一责任人的食品安全工作领导小组，按照“谁主管、谁负责、管业务必须管安全”和“一岗双责、党政同责、齐抓共管、失职追责”的责任体系要求成立组织机构，加大监督、检查力度，同时认真贯彻执行《幼儿园教育指导纲要（试行）》精神，把保护幼儿的生命和促进幼儿的健康放在工作的首位。①

对于幼儿园的管理者而言，膳食要做到安全卫生，必须做到：

一是要管好人。厨师一律持双证(《北京市公共卫生从业人员健康检查证明》《卫生法规知识培训合格证》上岗)，并定期体检；每天上岗前，由食堂管理员进行“晨检”和“午检”，确保食堂人员健康上岗，对患有手部外伤、痢疾、传染类等疾病的人员应即刻调离工作岗位，以确保食品安全、卫生。二是管好物。食堂所有餐具、用具要做到专物专用，根据食堂具体情况采用不同的形式进行标记，发挥标识的提示功能，杜绝交叉感染(如图 5-1 和图 5-2 所示)。三是把好关。食材质量问题是食堂安全管理的首要问题，儿童食品应当在具有食品经营许可证和营业执照的单位采购。食品进货前必须采购查验及索票索证，并建立食品采购和验收记录。

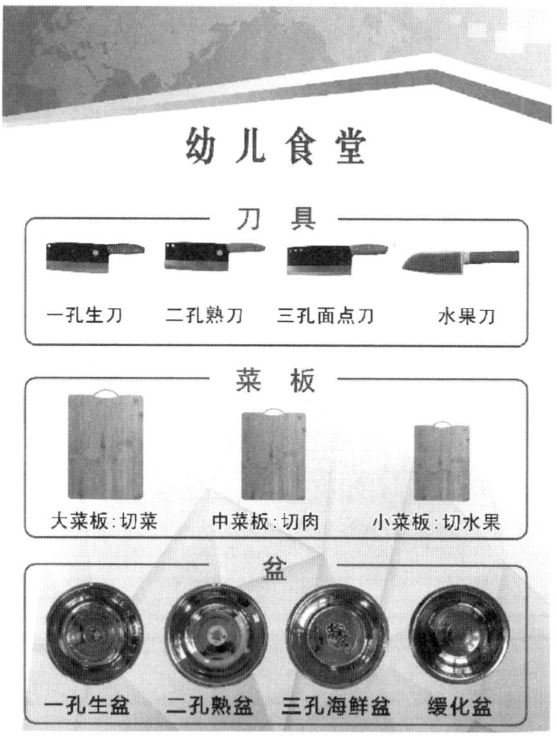

图 5-1　幼儿园食堂用具标识图

图片来源：北京市昌平区流村镇中心幼儿园

① 中华人民共和国教育部制定：《幼儿园教育指导纲要(试行)》，北京：北京师范大学出版社，2001 年版。

图 5-2　幼儿园消毒间、粗加工间标识图

图片来源：北京市昌平区流村镇中心幼儿园

【案例 5-1】

手部外伤引发的食物中毒事件

某饭馆，一厨师手指有外伤后仍然继续在后厨工作，顾客就餐后不久就有人陆续出现恶心、呕吐、腹痛、腹泻等症状，经当地医院诊治，怀疑为食物中毒。

随后，相关部门展开调查，检测出部分菜品有金黄色葡萄球菌，确定此为食物中毒事件。究其原因，饭馆厨师当天手指有伤口，伤口渗出液随着该厨师触碰菜品，污染了菜品，导致顾客感染金黄色葡萄球菌。此案例给幼儿园的安全卫生工作敲响了警钟，在日常工作中，除了要加强对食堂人员上岗前的身体健康检查以外，更重要的是实施食堂安全管理，把食品安全卫生工作提升到重要议事日程，要让每一位教职工深刻理解食品安全管理的意义与重要性，形成长久、稳固、统一的安全防线，才能更好地保障食品安全。

二、科学合理原则

《3—6 岁儿童学习与发展指南》中指出：为有效促进幼儿身心健康发展，成人应为幼儿提供合理均衡的营养，参照《中国孕期、哺乳期妇女和 0—6 岁儿童膳食指南》，为幼儿提供谷物、蔬菜、水果、肉、奶、蛋、豆制品等多样化的食物，均衡搭配。[①] 科学合理的幼儿食谱，是保证幼儿健康成长的关键。

① 中华人民共和国教育部制定：《3—6 岁儿童学习与发展指南》，北京：首都师范大学出版社，2012 年版。

作为教育者，我们必须认识到膳食管理的重要性，膳食管理人员要不断提高自身素质，食谱的制定者与膳食的制作者都应当对幼儿的年龄特点有深刻的了解，结合幼儿的生理特点及发育规律，依据平衡膳食宝塔，按照一定比例适量分配到一日三餐中，编制科学、合理、平衡的营养膳食，保证幼儿拥有健康的体魄。

要做到食谱的科学合理，第一，在食材的选择上，要考虑时令性，每一种作物都有对应的最适生长环境，包括温度、日照长度、日照强度、雨水和湿度等，在最适生长环境下，作物能够达到最佳的口感。所以作为膳食食谱的制定者在制定食谱时应时应季是必须要考虑的，应季水果和蔬菜都是大批量集中上市，不仅新鲜而且价格便宜。第二，在食物的种类上要考虑幼儿的心理特点、身体发育特点，科学、有规律地为幼儿提供生长发育所需的能量和各种营养素，做到食物种类多样化。食物多样是平衡膳食的基本原则，只有一日三餐食物多样，才有可能达到平衡膳食。如果用种类来量化，建议为平均每天不重复的食物种类数量达到 12 种以上，每周达到 25 种以上。按照一日三餐食物品种数的分配，早餐至少摄入 4—5 个品种，午餐摄入 5—6 个食物品种，晚餐 4—5 个食物品种，加上加餐 1—2 个品种。① 第三，在食物的搭配上，要符合 3—6 岁幼儿的身体消化系统的发展规律。注意食物荤素搭配、主副食搭配、粗细粮搭配、颜色搭配、甜咸搭配、干稀搭配、食物软硬搭配等，形成膳食互补和平衡。第四，在食物的制作上，厨师还要严格按照食谱进行制作，烹调的过程中，方法应当科学合理，易于消化、少调料、少油炸，从小培养儿童清淡口味，有助于形成终生的健康饮食习惯。② 保证幼儿膳食科学合理，还要充分考虑幼儿身心发展特点，饮食做到定时、定量。严格执行进餐时间规律化、原则化，两餐间隔时间不得少于 3.5—4 小时，进餐时间保证在 20—30 分钟/餐，这样既保证了幼儿的良好食欲，也有利于食物的消化吸收。

【案例 5-2】

10 元一斤的库存蒜薹

一天早上，食堂管理员正在验收供货商送来的食材。当看到蒜薹时，管

---

① 中国营养学会编著：《中国居民膳食指南 2016》，北京：人民卫生出版社，2016 年版。

② 黄珊：《爱在小小舌尖：幼儿园营养美食》，北京：北京师范大学出版社，2017 年版。

理员说道："今天的蒜薹为什么不新鲜，都有些发黄了？"这时供货商连忙解释道："这个季节新鲜蒜薹还没有大量上市，库存较多，新鲜的蒜薹不好买，即使买了也特别贵。"这时，管理员一看才发现库存的蒜薹也要十几块一斤，新鲜的大棚蒜薹这个季节要15块多一斤。听了供货商的解释，我们愕然了。

这件事让我们明白，保健医缺乏生活经验，在制定食谱时对目前市场上有什么时令蔬果不了解，按照软件制定食谱，只要在软件上食谱各方面元素达标了就认为是一张成功、合适的食谱，却没有考虑到蔬果采购的时令性与价格。为避免再发生此类问题，我园要求保健医每周去市场调查一次食材价格，了解当前市面上时令蔬果的种类，针对时令蔬果种类及参考幼儿餐费标准制定食谱，避免不符合质量的食材进入幼儿园。

（来源：北京昌平区流村镇中心幼儿园　王爱丽）

【案例 5-3】

小馒头与小鸭包

幼儿进餐时间，作为食堂管理人员，每天都要进班检查幼儿进餐情况。今天晚饭吃小鸭包，当我走进小班时，看到孩子们拿着小鸭包你一口、我一口地大口吃着，还有几名幼儿边吃边说："小鸭包真好吃，我吃了小鸭子的身体。"那个小朋友说："我吃了小鸭子的头。"还有的说："我的小鸭子是黄色的。""我的小鸭子是绿色的。""哈哈哈……"看着孩子们吃得这么开心，作为食堂管理人员我们也非常有成就感。

班里的老师说："其实我们班孩子不爱吃馒头一类的面食，但是像小鸭包、蜗牛卷、蝴蝶卷、刺猬包这样的，孩子们就喜欢吃。"究其原因，是保健医和厨师抓住了幼儿求新求异的年龄特点，力求做到食物外形有趣、小巧、多变，颜色鲜艳诱人，同时也保证口感，这才是小鸭包等面食得到幼儿喜爱的最主要的原因。

（来源：北京市昌平区流村镇中心幼儿园　李媛）

三、民主监督原则

幼儿园膳食管理要合理、合法、合规，民主监督在膳食管理中起着至关重要的作用。办好食堂仅靠一个人的能力是不够的，要发扬民主监督作用，靠大家智慧，听民众心声。一是听家长心声，成立以后勤主任为主要责任人，保健医为牵头人，食堂人员、财务人员、教师代表、家长代表为成员的膳食管理委员会(如图 5-3 所示)，每月召开会议，定期向家长公布本月幼儿膳食收支情况(如表 5-1 所示)，听取家长对幼儿园伙食的意见和建议，让家长参与到食谱制定工作中，讨论幼儿园食谱制定的科学性，不断提高伙食质量。二是听取教师心声。教师应是幼儿膳食管理的参与者，更加直观了解幼儿的进餐情况、伙食制作情况，多倾听教师的意见及建议能更好地改进膳食制作中存在的问题。同时，让家长、教师更多地参与民主监督，不仅能让家长、教师了解食堂管理工作的主要内容，还能提高大家工作的积极性。

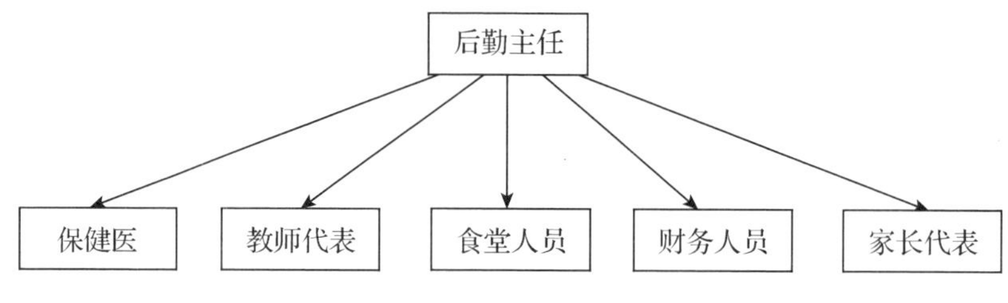

图 5-3 幼儿园膳食管理委员会组织机构图

【案例 5-4】

膳食管理委员会

为了更好地促进幼儿生长发育，让家长了解幼儿园的膳食管理，更合理地实施幼儿健康营养饮食，进一步加强饮食工作的监督和检查，协助保健医对幼儿营养膳食工作进行帮助和指导，特成立我园膳食管理委员会。

一、膳食管理委员会的性质和职能

幼儿园儿童膳食实行民主管理，成立膳食管理委员会，主要负责讨论与儿童伙食相关问题，积极征求各方意见、总结经验，不断提高我园伙食质量。

二、膳食管理委员会的主要职责

(一)广泛听取、集中反映家长和保教人员意见，针对实际存在的伙食问题提出整改方案。

(二)膳食管理委员会成员要经常收集信息，从丰富幼儿膳食品种及合理搭配的角度提出合理化建议，经膳食管理委员会讨论通过后实施。

(三)经常深入了解幼儿进餐情况以及食堂人员的烹调操作情况，发现问题，及时在膳食管理委员会会上进行讨论并寻求解决办法。

(四)膳食管理委员会要学习和宣传教育部门、卫生管理部门有关食品卫生管理的政策、法规，并督促食堂工作人员认真执行。

(五)协助监督儿童伙食费专款专用及盈亏的情况。

三、膳食管理委员会成员

膳食管理委员会由后勤主任、保健医、教师代表(每班1人，定期更换)、食堂人员、财务人员及家长代表(每班1人，定期更换)组成。

四、膳食管理委员会工作制度

(一)膳食管理委员会会议每月由后勤主任、保健医组织召开一次并做好会议记录及影像留存工作。

(二)针对上月伙食的收支情况、幼儿反馈、带量多少及家长意见等进行讨论，并提出有效解决问题的方式方法。

(三)充分听取各方面意见，并将合理化建议落实到实际工作中，提高膳食质量。

(四)每月10日前向家长公示上月幼儿伙食费使用情况，每学期膳食收支盈亏不超过2%。

表5-1　××年××月幼儿园膳食收支费用公示明细

项目		金额(元)
上月结余金额		
本月收入金额		
本月支出金额		
本月结余金额		
支出明细	粮油调料类	
	蔬菜类	
	水果类	
	蛋类	
	奶类	
	加餐类	

(来源：北京市昌平区流村镇中心幼儿园)

第二节　膳食管理的内容

一、人员管理

幼儿园食堂人员一般由负责膳食食谱制作的保健医、食堂管理员、厨师班长、厨师等人员构成，根据卫生保健相关要求，幼儿园厨师与幼儿人数比应为1∶50。作为管理者，针对不同的岗位要进行有针对性的指导，定期组织相关人员进行业务培训与考核，通过多种形式不断提高每一个人的专业性。

明确相关人员职责：

1. 保健医

保健医负责开展膳食调查，每季度至少进行1次营养计算，根据测算结果和幼儿需要调配和改善幼儿膳食。检查食品、饮水和环境卫生，抓好厨房的卫生监督。制定每月食谱，办好伙食，保证幼儿有足够的营养。配合主管领导召开膳食管理委员会，听取意见。定期做好幼儿营养计算与分析工作，保证幼儿膳食制定的科学性。

2. 食堂管理员

严格执行幼儿园食堂管理制度，督促保健医及食堂人员做好厨房各项工作，切实做好管理员工作。坚持根据带量食谱做好每日(每周)带量食谱采购清单。坚持每天查验食材，保证食材质量、数量合规。做好库房管理，严格出入库手续及保管制度，月底做好出入库记账工作。与保健医一起做好成本核算，根据市场供应，与保健人员共同协商，选择应时应季、新鲜价美的食材，做到精打细算、量入为出、调配合理。

3. 厨师班长

负责食堂全面工作，带领本组人员认真贯彻、落实《食品卫生法》执行幼儿园有关规章制度，做好上传下达工作。管理好食堂所有设施，设备定期清洁、保养，确保正常运行。加强水、电、气管理，保证安全使用，厉行节约，杜绝浪费，做好食堂出入库账物管理，做到账物相符、日出日结。严把食品验收关，所有收货票据必须班长及一名厨师签字，质量不符合标准的坚决拒收。每月参加膳食管理委员会会议，积极听取各方意见，与班组成员分析原因，不断改进伙食质量。针对保健医制定的食谱提出合理化建议(食物搭配是否合理、食谱带量是否合适等)，保证幼儿进食量和营养量，改善伙食质量。本组人员严格按照食谱带量操作，按照出勤人数投放主副食量，避免浪费。按照每日食谱规定的食物量填出库单，凭出库单领取当日所需食品原材料。

4. 厨师

认真执行食堂各项制度，做到生、熟用具分开，做好餐具的清洗消毒工作。严格执行卫生保健制度。做好餐前准备工作，餐后及时做好室内外卫生，做好卫生防疫及日常消毒、清洁的工作。严格按照食谱操作，每天根据幼儿的出勤情况准备主副食，针对幼儿特点需要做到精工细做，保证饭菜色、香、味、形俱全，保证每餐饭菜的质量和营养。按时为班级送餐具、送餐等，根据季节做好饭菜的保温和降温工作。

【案例 5-5】

幼儿园食堂人员工作流程

早班厨师工作流程：

6:00 晨检、收拾卫生(操作台、送餐车及食堂大面积卫生)

6:20 准备早餐

7:00 准备幼儿餐具

7:25 分餐、整理操作间卫生、清洗炊具

7:40 给各班级送早餐

7:55—8:10 厨师进班查餐

8:30—9:00 清洗餐具

9:15—10:20 粗加工

10:20—11:00 炒菜、做汤、清洁操作间卫生

11:15 给各班送午餐

11:20—11:25 厨师进班查餐

11:25—12:00 收拾卫生(操作间、粗加工间、餐具、地面等卫生，要求物品归类摆放)

12:00—13:30 午餐及休息

13:30 准备幼儿午点

13:40—15:30 粗加工

15:30 下班

晚班厨师工作流程：

7:30—8:00 收拾食堂卫生

8:00 和食堂管理员一起验收菜品、称重

8:30—9:00 清洗餐具

9:20—10:20 粗加工(择菜、洗菜等)

11:00 分餐

11:15—12:00 收拾卫生(操作间、粗加工间、餐具、地面等卫生，要求物品归类摆放)

12:00—13:30 午餐及休息

13:30—15:30 粗加工，准备晚餐食材、和面等

15:30—16:10 炒菜、面食、粥等

16:10 分餐

16:20 给各班送晚餐

16:25—16:35 进班查餐

16:35 收拾卫生

（来源：北京市昌平区流村镇中心幼儿园　王爱丽）

二、制度管理

规范管理制度是幼儿园饮食安全的保障。幼儿园不仅要严格执行食品卫生管理有关的规定，还要结合园所实际，根据上级部门要求制定各项切实可行的制度，用制度管人、用制度管事。一般食堂应建立健全《幼儿伙食管理制度》《食品卫生管理、检查制度》《食品添加剂使用与管理制度》《食堂卫生消毒制度》《幼儿膳食管理制度》《食品原料采购索票索证制度》《幼儿园仓库管理制度》《餐饮具清洗消毒制度》《肉类、蔬菜粗加工管理制度》《食品留样制度》《烹饪加工管理制度》等几十项相关制度，各项管理制度化、规范化。每学期还应组织食堂人员进行制度学习，并结合上级要求、岗位实际参与食堂制度的完善和修订，将重要制度张贴在食堂醒目位置，时刻提醒厨师提高警惕，规范操作。

为强化安全责任意识，幼儿园每学年还要与食堂工作人员签订《食堂工作人员安全责任书》，明确食堂工作人员在安全操作、卫生、食品采购、验收、存储、加工等环节中的食品卫生要求和食品安全法律责任，体现“安全第一、

预防为主”的幼儿园食堂安全监督管理方针，突出了“谁主管、谁负责”的工作原则。不断提高幼儿园食堂工作相关岗位人员的安全意识、责任意识，杜绝安全事故的发生。

同时，建立食物中毒及食源性疾病突发事件的应急处理机制和应急预案，每学期组织相关人员进行应急演习，让每位教师正确掌握突发事件应急措施，确保每一名幼儿在园安全。

【案例 5-6】

食品库房管理制度

(一)对采购的食品及原料认真验货，做好入库登记，验收合格后方可入库保存，对不符合卫生要求的食品及原料，拒收入库。

(二)收集对入库食品的索证材料，按食品类别将索证材料分类存档，登记台账。

(三)贮存食品的场所、设备保持清洁，无霉斑、鼠迹、苍蝇、蟑螂。

(四)食品仓库内不得存放灭鼠剂、杀虫剂、洗涤剂、消毒剂等有毒、有害物品及个人生活用品。

(五)食品及食品原料分类、分架存放，距离墙壁、地面均在 10 厘米以上，货架上对每类每批食品标明采购日期、产品名称、产地、规格、生产日期及最终保质时限，做到账、卡、物相符，挂牌存放。

(六)存放的散装食品及原料应有盛器或包装，定型包装食品应有完好、清晰的出厂标识；禁止存放无标识及标识不完整、不清晰的定型包装食品及食品原料。

(七)经常检查所存放的食品及原料，发现有霉变或包装破损、锈蚀、鼓袋等感官异常、变质时，做到及时清出，清出后在库房的专用区域内落地容器内另放并标明“不得食用”等字样，及时销账、处理、登记并保存记录。

(八)保持库房内通风、干燥，做好防蝇、防尘、防鼠工作，食品仓库内灭鼠使用鼠夹或粘鼠板，禁止使用鼠药灭鼠。

(九)冷藏、冷冻设施运转正常，温度达到相关要求，冷藏、冷冻柜(库)应有明显的区分标志，设有外显式温度(指示)计，冷藏温度在 0～10℃之间，冷冻温度范围在零下 20℃至零下 1℃之间。

(来源：北京市昌平区流村镇中心幼儿园)

【案例5-7】

幼儿膳食管理制度

（一）成立膳食管理委员会，对幼儿伙食实行民主管理，听取家长、教师、保健医等多方人员意见及建议。

（二）幼儿伙食与职工伙食严格分开。

（三）伙食费专款专用，计划开支，每月10日前公布上月账目，每学期幼儿膳食收支盈亏不超过2%。

（四）由保健医制定带量食谱，每月至少制定2次带量食谱，隔周使用。

（五）早餐后保育员将本班幼儿出勤人数报厨房，厨房按出勤人数做饭。

（六）严格遵守开饭时间，做到保温、降温，保证幼儿每餐吃饱吃好。

（七）严格执行食品卫生法，严防食物中毒及肠道传染病。

（八）严格出入库制度，幼儿伙食库房专人管理，必须二人同时出入库房。管理人员对采购来的食物负责验收。

（九）出入库要按时登记，不拖漏。

（十）库房双人双锁。

（十一）做好食物保存，严防霉变。

（十二）做好库房卫生，做到清洁通风，摆放整齐，定期盘点。

（十三）食堂管理员按食谱采购，炊事员按食谱做饭，不买不做腐烂变质食物。

（十四）严格执行儿童作息制度，按时开饭，不提前，不误点。

（十五）每月召开膳食管理委员会会议，研究加强伙食管理及伙食质量。

（十六）做好食堂卫生工作，按操作规程使用机械设备。

（来源：北京市昌平区流村镇中心幼儿园）

【案例5-8】

食品卫生管理、检查制度

（一）单位的法人代表、负责人是食品卫生安全的第一负责人；单位由法人代表、保健医、负责人及食堂管理员对本单位的食品安全负全面管理职责。

（二）卫生许可证在醒目位置悬挂经营，制定的卫生制度上墙悬挂于各加工区域；所有从业人员健康证、培训证随时可出示。

(三)由法人代表、负责人及单位食堂管理小组成员参加，依照《食品卫生法》及卫生规范要求的内容，每月对本单位各经营场所进行不少于两次的全面卫生检查，并将每次检查记录留档备查；单位定期召开专门会议分析本单位食品卫生情况。

(四)每天由食堂管理员、保健医及主管领导、厨师班长对食品生产经营过程与场所进行食品卫生工作检查，及时发现卫生隐患，纠正工作中存在的不足。

(五)落实奖惩制度，检查后对食品卫生工作好和坏的区域与个人分别给予奖励和处罚，有奖惩记录。

(六)按规定的时限要求(卫生许可证到期前 30 日)及时申请延续卫生许可证。如需对已核准的加工及经营面积、设施与布局进行改建的，在改建前先向卫生行政部门申报图纸审查，卫生行政部门参与竣工验收。

(七)每年度按期组织职工进行健康体检和卫生知识培训，制订并落实培训计划，对新上岗、临时上岗的职工必须进行体检、培训合格后方可上岗工作，做到持有效健康合格证上岗。

(八)对在岗从业人员的健康状况进行检查与询问，按要求及时调离患有“五种病”及有碍食品卫生的患病从业人员。

(九)对职工使用的水杯、食具等个人用品提供场所，集中存放。

(十)制订并落实有效的防灭蝇、蟑螂、老鼠计划，做到坚持不懈，达到无蝇、无鼠、无蟑螂。

(十一)妥善处理群众的举报、投诉与反映，对涉及食品卫生安全及违法行为内容的要及时向卫生行政部门上报。

(来源：北京市昌平区流村镇中心幼儿园)

【案例 5-9】

食品添加剂使用与管理制度

(一)严格执行食品安全法律和相关规定，严禁使用各类非法添加物，规范使用食品添加剂，及时排查、整改食品安全隐患，确保产品质量安全。

(二)儿童食品中未经卫生部门许可，不得使用任何食品添加剂。

(三)使用食品添加剂不得破坏和降低食品的营养价值。

(四)不得超范围、超量使用食品添加剂。

（五）不得使用无卫生许可证、无产品检验合格证明的食品添加剂。

（六）食品添加剂存放必须做到专柜、专架、定位存放，不得与非食用产品或有毒有害物品混放。

（七）使用食品添加剂不得用于掩盖食品的缺陷或粗制滥造。

（八）使用食品添加剂必须符合《食品添加剂使用卫生标准》和卫生管理办法的规定。

（九）杜绝亚硝酸盐进入食堂。

（来源：北京市昌平区流村镇中心幼儿园）

【案例 5-10】

食物中毒应急处理预案

一、指挥系统

（一）总指挥：园长（负责全面指挥、部署事故的应急处理工作，10 分钟内口头上报教委及上级主管部门，并在处理后上报上级部门纸质材料）。

（二）副指挥：副园长（协助总指挥协调各部门的工作、做好患者家属安抚工作）。

总务主任（配合专业部门做好事故原因调查、取证工作）。

（三）组员：保教主任（负责其他孩子及班级正常工作，维护班级稳定）。

保健医（进行必要的救助及协助调查组取证工作）。

二、工作系统

（一）信息组：负责信息搜集、整理及上报工作，并立即报告总指挥，向区教委办公室报告。

（二）应急处理组：接到报告后，立即赶赴现场，做好救治病人、事故调查、处理患者家属工作，把事态控制在最小范围。

（三）保健组：接到报告后，立即赶赴现场，封锁事故现场，封存食品及餐具样品，做好病人救治工作，观察未中毒人员情况。

（四）调查组：保留和封存造成食物中毒或者可能导致食物中毒的食品及原料、工具、设备和现场，如实提供有关材料和样品，协助卫生行政部门的事故调查。

（五）后勤组：做好救治工作的车辆、资金等物质保障工作。

（来源：北京市昌平区流村镇中心幼儿园）

三、食品采购、储存管理

幼儿园食品必须在具有食品生产许可证、营业执照的单位采购。食品进货前必须采购查验及索票索证，幼儿园建立食品采购和验收记录。定型包装食品和食品添加剂必须有产品说明书或商品标志，根据不同产品按规定标出品名、产地、厂名、生产日期、批号、规格、配方或者主要成分、保质期限、食用或者使用方法等。食品储存要做到生熟食品分开、分类、分架、隔墙、离地存放，并注有标识、注明保质期限、定位储存。生食在冰箱内存放不得超过两周。定期检查，及时处理过期、腐烂及变质食物。每餐提供的食品成品应留样。留样食品应按品种分别盛放于清洗消毒后的密闭专用容器内，在冷藏条件下存放 48 小时以上，每样品种留样量不少于 150 克，最好达到 200 克，以满足检验需要，并做好记录。①

【案例 5-11】

食品留样卫生制度

（一）配送的儿童、教师用餐食品成品每餐应予以留样。

（二）原则上留样品种应包括所有加工制作的食品成品，并做好留样记录和样品标记，每份样品必须标注品名、加工时间、加工人员、留样时间（××年××月××时）。其他情况则可以根据需要自行决定留样品种。

（三）留样的采集和保管必须由专人负责，无关人员不得擅自操作或挪动。配备经消毒的专用取样工具和存放样品的专用冷藏柜。

（四）按每天加工品种数量，每一品种随机抽出样品，采集在操作过程中或加工终止时的样品作为留样的食品样品，不得特殊制作，每个品种留样量不少于 150 克，最好达到 200 克。不同食品品种分别用不同容器盛装留样，防止样品之间交叉污染；留样容器应专用并经消毒确保清洁，样品应密闭保存在留样容器里。

（五）留样样品，采集完成后应及时存放在 0—4℃左右的冷藏条件下，保存 48 小时以上，不得冷冻保存。

（六）一旦发生食物中毒或疑似食物中毒事故，应及时提供留样样品，配

---

① 北京妇幼保健院：《北京市托幼机构卫生保健工作常规》，2016 年，内部资料。

合卫生监督机构进行调查处理工作，不得有留样样品而不提供或提供不真实的留样样品，影响或干扰事故的调查处理工作。

（七）设置专用冰箱保存样品，其他食品不允许混放，保持冰箱内清洁卫生，并贴有“存样专用”标志。

（来源：北京市昌平区流村镇中心幼儿园）

四、食品加工管理

在食品加工环节要选用新鲜、优质、洁净、易于烧熟煮透的食物原料，对于容易引起食物中毒的豆角、四季豆等不允许在幼儿园给幼儿食用。洗涤和切配要符合卫生要求和儿童年龄特点，大小、薄厚、长短要适中。加工后的熟制品应与食品原料或半成品分开存放，半成品应与食品原料分开存放，防治交叉污染。剩余食物放入冰箱或通风凉爽处保存。存放时加盖防蝇设备。在烹饪过程中宜选用炒、煮、炖、烧、蒸、煨等方法，避免使用油炸、煎、烤等方式，要注意根据食物特点科学烹饪，以免减少食物营养素的流失。

【案例 5-12】

食品烹调卫生制度

（一）加工前认真检查各种食品原料与调味（佐）料，发现有腐败变质或其他感官性状异常的，不得进行加工；盛装调味（佐）料的容器清洁卫生，使用后加盖；在使用禽蛋前先对外壳表面进行清洗，必要时进行消毒处理。

（二）需要熟制的食品在加工中应当烧熟煮透，对半成品二次烹调加工时其中心温度应不低于 70℃；品尝菜品使用专用工具；已加工好的菜品必须使用经过消毒后的容器盛装。加工后的成品与半成品、原料严格分开存放。

（三）油炸食品时避免温度过高、时间过长；随时清除煎炸油中漂浮的食物碎屑和底部残渣，煎炸食用油不得连续反复煎炸使用。

（四）盛装食品原料的容器与盛放已烹调好的直接入口食品的容器应以材质、形状、颜色、规格、标记的形式严格生熟分开，标记清晰便于辨认。

（五）在烹饪后至食用前需要较长时间（超过两小时）存放的食品，要在高于 60℃或低于 10℃的条件下存放；妥善保存剩余食品及剩余原料，需要冷藏的熟制品，应尽快冷却后再冷藏。

（六）凡隔餐或隔夜的熟制品必须经充分加热（使食品内部温度达到 70℃以

上)后方可再次供食用；不得将回收后的食品(包括辅料)经烹调加工后再次供应。

(七)幼儿食堂不得提供扁豆、豆浆、鲜黄花菜等食品加工中容易发生安全卫生问题的食材。

(八)豆腐、肉类、禽蛋等易腐食品要冷藏保存，生、熟食品及半成品分开冷藏，不得混放。

(九)用于原料、半成品、成品的刀、墩、板、桶、盆、筐、抹布及其他工具、容器要有明显标志并分开使用，用后洗净、物见本色、定位存放、保持清洁。已盛装成品、半成品食品的容器放在台、架上，不得直接置于地上。

(十)废弃物用带盖专用容器盛放，做到不暴露、不积压、不外溢，容器外观清洁。

(十一)地面、台面等清洁无杂物，排烟罩无油垢、污垢，达到物见本色。

(来源：北京市昌平区流村镇中心幼儿园)

五、进餐情况追踪

为了保证饭菜的质量和品种符合幼儿年龄特点，做好适合幼儿口味的饭菜，幼儿园领导、保健医、食堂人员、班级教师都应在幼儿进餐时对幼儿进餐情况加以关注和检查，不断提高幼儿园膳食质量。

1. 食堂人员

食堂人员在送餐后要进入班级检查幼儿进餐情况，查看主副食是否适量，了解幼儿进餐情况，哪些爱吃、哪些不爱吃，原因是什么？找出问题症结，进而不断提高膳食质量，为保健医制定食谱提供建议。

2. 保健医

保健医要关注进餐环境是否卫生、整洁、舒适；是否按时进餐，食物的色、香、味、形是否能激发幼儿进食兴趣；关注幼儿进食量、每餐时间不少于20分钟；对食欲不好的儿童要分析原因；根据多方意见进行食谱调整。

3. 教师

针对幼儿进餐中的表现(哪些食物爱吃、哪些不爱吃、哪些饭菜剩余量较多)，及时将发现的问题反馈给食堂人员或保健医。

4. 领导

根据《学校食品安全与营养健康管理规定》，中小学、幼儿园应当建立集中用餐陪餐制度，每餐均应由学校相关负责人与学生共同进餐做好陪餐记录，及时发现和解决用餐过程中存在的问题。

领导在陪餐中对食物的口感、颜色搭配、饭菜剩余量多少等方面发现的问题反馈给相关人员，食堂主管领导定期组织食堂人员、卫生保健人员针对大家提出的意见及建议进行分析总结，督促食堂人员根据意见及建议改进膳食质量，食堂人员调整膳食的制作方法，力争使幼儿吃好吃饱，又不浪费。

5. 家长

在《学校食品安全与营养健康管理规定》中，要求有条件的中小学、幼儿园应当建立家长陪餐制度，健全相应工作机制，对陪餐家长在食品安全与营养健康等方面提出的意见建议及时进行研究反馈。家长除陪餐外，还可通过每月组织的膳食管理委员会、幼儿园膳食调查问卷、家长信箱日常反馈等形式将发现的问题反馈给幼儿园，为幼儿园提高膳食安全与质量提供支持。

第三节　膳食管理的措施

一、人员管理措施——让人动起来

(一)知识培训

1. 营养知识培训

食堂人员的素质决定服务的质量，食堂人员要具有一定的幼儿膳食方面的知识，才能不断改进和创新。现如今人们的生活水平都在不断提高，饮食已经成为一种文化、一种时尚，它将科学、营养、美观、艺术、享受融为一体，幼儿园的膳食制作应更加充分地体现这一点。为全面提高厨师的整体素质，日常工作中一方面要加强对厨师营养知识的培训，了解什么是健康、什么是健康新理念、什么是健康饮食、如何做到健康饮食以及幼儿膳食制作的注意事项等方面的知识。通过培训使厨师认识到健康饮食的重要性、健康与饮食的关系，丰富健康饮食知识，为今后合理进行膳食搭配、制作打下良好基础。

2. 食品安全培训

俗话说："火车跑得快，全靠车头带。"首先食堂管理者需要具备一定的食品安全意识，要充分认识到食品安全是食堂的生命线，带头维护食品安全。当然，要保证食品安全工作的落地还要依靠每个岗位的工作人员，因此，幼儿园应该加强对膳食管理者的食品安全培训，提高管理者的安全素养，通过管理者带动食堂每位职工遵守制度、落实安全职责。其次加强厨师食品安全培训，幼儿园食堂应该加强对厨师的安全培训，一方面通过学习理论知识了解食材的合理搭配，知道每一道食材都有自己特有的功效，不合适的食材搭配在一起吃的时候，功效就有可能变成病因，这就是我们所说的食物相克。厨师要掌握常见食材相克的知识，才能确保饮食安全。例如：菠菜与豆腐、酸奶与柿子等等食物同食都会给幼儿身体带来伤害。另一方面通过观看一些食品安全案例，让厨师认识到食品安全的重要性，当食堂工作人员都能在内心深处树立起食品安全的意识，自觉杜绝食品安全隐患，食堂的安全工作才能真正落到实处。

3. 保健医专业素养培训

要做好科学营养的配餐工作，保健医还需要掌握学前儿童心理学、生理学以及营养学等方面的知识，按照中国营养学会推荐的幼儿期每日膳食中营养素供给量标准，以膳食营养调查结果为依据，以平衡膳食宝塔理论为指导，根据幼儿的年龄特点、季节特点、食物特性等方面制定出科学合理、营养平衡的带量食谱。① 所以，提高保健医的专业能力势在必行。

鼓励保健医参加营养师及各级各类膳食营养知识方面的培训。通过系统学习，促进和提高保健医的膳食观念及业务技能。幼儿园还可有目的地为保健医提供职业所需的专业类书籍，在制定食谱时多学习一些好的食谱搭配方法，定期组织学习交流，提高保健医对营养学的重视以及制定膳食食谱的科学性。

(二)技能培训

1. 烹饪技能培训

聘请有资质的专业厨师从烹饪技巧方面进行培训，不断提高厨师的烹饪技术，转变厨师观念，使其认识到幼儿营养是否充足，不仅与膳食结构、原材料质量有关，还与烹饪技巧有关。科学烹饪是保证食物营养的重要环节，对食物的消化、吸收和提高食物营养价值均有重要的意义。针对不同的食物，

---

① 宋真真：《用“五常法”促进幼儿园膳食管理》，《广西教育》，2012 年第 9 期，第 95—96 页。

在膳食制作方面厨师应采用炒、熘、煎、爆、蒸、煮、炖、烩、烧、煸等不同的烹调方式，以满足幼儿园膳食制作的要求，达到烹饪方法多样性。针对幼儿不喜欢吃的粗粮食物、蒸食，厨师就调整配料和烹饪方式，将蒸改为烤、烙等形式，不仅翻新了烹饪花样，也增进了幼儿的食欲。通过专家的指导，厨师不断汲取好的经验做法，把菜做精做细，尽量减少烹调过程中营养素的损失。

2. 设备设施安全使用培训

厨师必须经过严格的上岗培训方可对食堂操作间配备的各种设备设施进行操作，只有这样才能保证厨师在工作中的人身安全。所以，管理者每学期都要对食堂人员规范操作进行考核，确保厨师人人做到正确操作。

(三)岗位练兵，提高厨师厨艺水平

岗位练兵活动是提高厨师学习积极性的重要方式之一。开展岗位练兵活动有利于厨师及时地进行知识更新，提高所需的业务知识和技能，保障整体综合素质的不断提高。岗位练兵一方面通过竞赛的形式，可以充分展示厨师日常工作的技能技巧，真实地反映厨师的专业水平。还可以使厨师立足岗位，苦练技能技巧，争当岗位能手。另一方面可以使厨师发现自身存在的不足，意识到学习的重要性，并在今后的工作中学习、探讨和改进，达到“缺什么练什么，干什么补什么”的目的。幼儿园要把岗位练兵作为经常化教育培训的新起点，增强厨师队伍履行岗位职责的能力，增强队伍的专业技能，增强为幼儿、为家长、为教师服务的能力。

(四)高度重视，提高保健医制定食谱的合理性

幼儿园食谱主要是由保健医来制定，部分保健医不是专业出身，缺乏专业的营养知识储备，一般是依靠食谱制作软件完成食谱制定，在制定食谱中主副食搭配、颜色搭配、季节特点等方面会有考虑不全面的现象，致使制定的食谱虽已通过膳食制作软件达标，但在膳食实际制作过程中还会出现各种问题，未达到科学、合理。

综上所述，不管是食堂管理者还是食堂工作人员都应该全力保障食品安全，不仅要建立起严谨的制度和流程，还要加大日常的管理和培训，提高膳食管理人员的素质，真正做到“一餐一饭，安字当先”。为幼儿打造一个安全、放心的就餐环境，保证幼儿健康快乐成长。

【案例 5-13】

幼儿膳食智囊团

日常工作中，保健医制定食谱经常会出现这样的情况：食谱做得不错，营养均衡，花样较多，荤素搭配也算合理，符合膳食营养搭配的各种要求，是一份合格的食谱，却得不到幼儿的认可。虽然食谱中体现了食物的多样性，但孩子们不爱吃。几经思考我们找到了问题的根源：其一，在制作食谱的软件里很多菜品的配料、调料种类较多，但在制作中如果搭配不合理，在颜色、口感上往往会大打折扣。厨师在制作的过程中也很困扰，浪费了大量的人力、物力。其二，保健医与厨师互不了解对方的工作，又没有有效的沟通，造成了饭菜口味不佳，结果出现孩子不喜欢吃的情况。为了解决这个问题，保健医建议成立一个"幼儿膳食智囊团"。

"幼儿膳食智囊团"主要由主管领导、食堂管理员、保健医、厨师组成，每月定期活动两次，一次在上月末研究制定下个月的食谱，另一次在本月中，交流研讨制作中存在的优缺点和改进方法。这样一来，交流渠道畅通了，避免了以往食谱中多种配料、调料给厨师在制作过程中造成的困扰和对菜品口味的影响。仅以鸡蛋、豆干炒西芹和粉丝娃娃菜为例。以前鸡蛋、豆干炒西芹混在一起炒味道不是很好，幼儿不爱吃；粉丝娃娃菜中配料里只有粉丝、娃娃菜和盐，做出来比较清淡，没有味道，颜色也不是很好看。在"幼儿膳食智囊团"的相互交流研讨后，我们将鸡蛋、豆干炒西芹这道菜改良成了两道菜——鸡蛋炒西芹和炒豆干。这样一来豆干的怪味没有了，孩子们也爱吃了，营养素也能很好地被吸收了。粉丝娃娃菜这道菜中添加了蒸鱼豉油和蒜末，增加了味道，孩子们吃得也多了。通过智囊团的研讨，我们在菜品的烹饪方法上不断尝试和创新，力争使幼儿园膳食种类丰富、搭配合理，膳食质量有更大的提高。

（来源：北京市昌平区流村镇中心幼儿园　王爱丽）

二、制度管理措施——让制度活起来

(一)结合实际，易于操作

制度是管理的一个重要部分，对幼儿园食堂的精细管理，必须要建立科学、合理且健全、操作性强的规章制度。领导根据各项法律法规及园所实际情况制定相关制度，还要认真地征求广大员工的意见、建议，并开展制度讨论，制定切实可行、便于操作的规章制度。同时各部门之间要加强联系，做到所制定的制度具有统一性、互补性。对确实不适应发展要求的制度不能墨守成规，要及时修订、完善或废除，确保制度不脱离实际。

(二)加强学习，深入人心

制度建立后幼儿园要把制度作为一项重要的学习内容。除了学习还要把厨师对制度的掌握程度作为对他们考核的重要内容，激励食堂人员自觉学习制度。在加强制度学习时还需要经常性引用一些食品安全违规案例开展警示教育，使大家充分认识到不执行制度对集体和个人所造成的危害，从而自觉遵守制度，保证幼儿园的膳食安全。

(三)加强考核，注重成效

日常工作中我们要把考核纳入在执行制度过程中，后勤领导干部要对食堂制度执行情况进行跟踪监督、定期考核，有效提高制度执行力。通过食堂人员自评、互评、领导评价的形式落实制度执行情况，建立部门之间、员工之间相互监督的制衡机制，发现违规情况及时解决，并做出相应处罚。

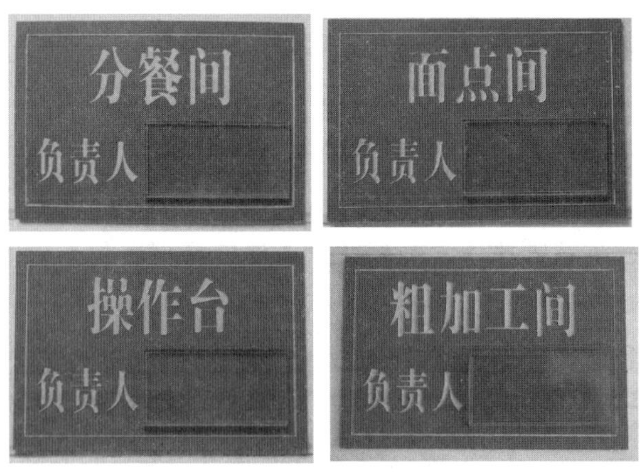

图 5-4　人员分工

【案例 5-14】

食堂炊事机械安全使用制度

(一)食堂使用的炊事机械，必须在运行情况良好的状态下使用。使用过程中，如发现故障应停止使用，及时报告后勤主管，修好后方可使用。使用完毕后切断电源(关电源时手必须干燥)，用后将机械擦拭干净。

(二)使用炊事机械必须佩戴好工作帽，确保安全。

(三)如违反操作规程，一经发现按违反制度给予经济处罚。如造成经济损失，以致威胁到人身安全，当事人负主要责任。

(来源：北京市昌平区流村镇中心幼儿园)

【案例 5-15】

煤气灶安全使用及防火制度

(一)上班时，检查煤气灶具是否完好，再开煤气总开关。

(二)点火前先打开鼓风机，点火时先点火枪，把火送到位再开煤气。

(三)煤气使用当中不能离开人，谁开煤气谁负责，如离开时请转告他人。

(四)更换煤气请专人负责。

(五)下班时检查煤气是否关好，做好结束工作。

(六)煤气在使用过程中，如发现异常立即报告，及时维修。如有危险应立即停止使用。

(七)做好防火工作，操作间禁止吸烟。

(八)每个工作人员要掌握灭火基本常识，会使用灭火器、灭火毯，会报警。火警电话：119。

(来源：北京市昌平区流村镇中心幼儿园)

三、原材料采购管理——让幼儿吃得放心

(一)严把采购源头关

近年来，食品安全问题已经受到了学校、幼儿园越来越多的重视，也已经成为社会的焦点问题。加强幼儿园食堂管理，选择优质的食材，从源头抓起才能保证食品安全。首先，选择供应商是关键。对于供货商，幼儿园要加大考察力度，食堂管理员与主管领导要亲自去市场调研，再三论证，寻找手续齐全、质量高、讲诚信的优质商家。对供应商的考核要包括“检查证照、检查供货环境、产品检测”三个环节。检查证照包括查验有效的营业执照、卫生许可证、组织机构代码证。对供应商考察合格后，双方还要签订《供货合同》

《送货司机安全责任书》等，进一步提高供货商的安全诚信意识，约束商家行为，确保所供食材的高质量和合理价格。特别需要注意的是，幼儿园要对供应商实施长期的、动态的监控管理，这不仅是出于食品安全方面的考虑，还是保证其长期稳定供应能力的需要。

(二)严把验收关

保障食品供应安全的关键就是要把好进货关。在选择了供货商后，要严格执行食品采购的验收制度，采购回来的食品原材料必须由专人进行验收，对有包装的要检查包装是否完好，厂家、地址、电话是否清楚，特别要加强对生产日期、保质期的检查。经过验收人员严格的过称、验收，通过看、触、闻，仔细辨认检查肉菜的新鲜度。每种食材的数量要严格按照采购计划采购，达到要求后方可入库。如果采购的食材出现不新鲜等问题，验收人员要第一时间上报主管领导并与商家联系进行退换货，务必保证每一种食材新鲜、安全。对于肉类，食堂人员要严格执行索票索证制度，确保所购肉类食材采购于正规商家，禁止危害幼儿身体健康的“三无”产品进入幼儿园。

(三)严把储存关

库房要位置合理，有对外的通风装置，门口需有符合《食品企业通用卫生规范》的挡鼠板。食品应分类、分架、离地、隔墙 10 厘米存放整齐，不得放入非食品、个人物品、药品、杂物以及水果、蔬菜等物品。货架上应对每类每批食品严格标明采购日期、产品名称、产地、规格、数量、生产日期及保质期限，散装或开封食品应用带盖密闭盒/桶储存。库房应安装两把锁，并由两人分别保存，两人同时在场方可打开，以保障食品真正安全。

对于肉类等容易变质的食物需存放在 4℃以下的冷藏环境中；生食与熟食、半成品与成品要分开存放；存放在冷冻室的半成品食品要做好用保鲜膜或盖子密封环节。部分食品应置于冷藏条件下。

四、食品加工管理——细节之处见真章

(一)熟知流程

加工流程在很大程度上影响食品安全，且决定着食品的营养价值。食品生产流程涉及食品制作、食品营养搭配以及食品卫生等方面。在进行食品加工制作时，要严格按照规范步骤进行操作，生熟食物要分开存放，避免食物

相互污染；蔬菜要做到一择、二泡、三清洗、四冲洗、五切，确保无农药残留。食物做好后要保证在两小时之内食用完；案板、道具、容器等做到专用，指定地点对应标识。

（二）注意合理搭配食材

食堂人员要了解食物之间相生相克的关系，进行科学合理的膳食搭配，一些食材单独食用营养价值很高，但若与其他食材搭配起来则可能对人体造成伤害，因此，幼儿园在食堂管理中，应注意食材搭配禁忌，避免出现相克食材搭配食用的现象。

（三）严格肉菜切配标准

幼儿饭菜与成人餐在切配标准、调料使用等方面都有所不同，特别是切配方面，幼儿年龄较小，吃的食物要更精细一些，通过日常观察、膳食管理委员会人员集体讨论，最终确定幼儿膳食切配标准（如表 5-2 所示），规范厨师制作过程中的精细度。

表 5-2　幼儿膳食切配标准一览表

项目	规格
切丝	长 5 厘米，宽度 0.3 厘米
切片	宽度 5 厘米，厚度 0.3 厘米
切块	1.5 厘米见方

（四）符合幼儿年龄特点

幼儿的食品制作与成人食品制作在操作方式上基本相同，但是制作中还要结合幼儿的生理特点和消化能力。幼儿的食品制作中要求形、色符合幼儿年龄特点，形状、颜色能吸引幼儿，激发幼儿的进餐欲望；在味觉上要求清淡、细软，切记不宜过咸、过脆。面点类食品应形状小巧，幼儿可以根据饭量随吃随添，愉快进餐，避免过大的食物给孩子造成进餐“压力”。

（五）严把饭菜留样关

为了幼儿的健康和安全，按照卫生保健要求厨房必须做到每日、每餐食物留样，留样食品应按品种分别盛放于清洗消毒后的密闭专用容器内。留样食物的品种包括所有加工制作的食品成品，并做好留样记录和样品标记，每份样品必须要标注：品名、餐次、加工时间、留样日期、留样克数、留样人员。样品数量要不少于150克，要求存放在0℃～4℃左右的冷藏条件下，保存48小时，不得冷冻保存。进餐者如无异常，即可处理留样食品；一旦出现意外，立即封存，能满足检验需要，做到有据可依。

【案例5-16】

变形的食品留样盒

食品留样，是为如果出现食物中毒能有用以检测对比的样品，是出现食品问题进行倒查的重要物证。一般情况，幼儿园都选用带透明盖、相同规格的盒子作为留样盒。有一所幼儿园，开学初统一购买了相同规格的塑料材质的普通保鲜盒作为食品留样盒，很是漂亮，但是，当选择对留样盒用水煮的方式消毒时，出现留样盒扭曲、盒盖严重变形的问题。

这个问题告诉我们，食品安全很重要，我们在关注食品卫生、食品保质期、食品搭配等问题时，还要注意食品的细节。如，使用的食品留样盒，要选择优质的PP材质制作的，可高温蒸汽消毒，应可耐－20℃～120℃温差，耐用又环保。

食品留样，要把幼儿园食堂为师生提供的每餐、每样食品都留下，专人负责，最好留足200克以上；盛放样品的盒子必须是已经消毒的；留样食品取样后，必须立即放入完好的食品罩内，以免被污染；留样食品冷却后，必须用保鲜膜密封好(或加盖)，并在外面标明留样时间、品名、餐次、留样人并立即存入专用留样冰箱内冷藏保存；留样食品保留48小时方可处理留样品；留样冰箱要上锁。

（来源：北京市通州区幼儿园　张海燕）

五、进餐情况追踪管理——全员参与落实

(一)加强教师、保健医、厨师的进餐关注

保健医、厨师要坚持每天进班观察幼儿的进餐情况，饭菜口感如何、颜色搭配是否吸引人、饭菜剩余量多少，是什么原因，及时听取教师的意见与建议，特别是推出的创新菜，要求厨师、保健医、教师认真观察幼儿的接受情况，厨师、教师每天进行记录(如表5-3)。最后根据多方意见及幼儿反应，保健医不断调整食谱的科学性，厨师根据幼儿、教师的反馈针对食物的制作

方法进行调整和改进，不断提高膳食制作的水平。

表 5-3 幼儿园膳食检查记录表

时间	观感	口感	剩余量	幼儿是否喜欢	原因	如何解决

(二)转变保教人员膳食营养观念，明确一日三餐教师教育的主要内容

保教人员的教育意识、营养观念也是促进膳食管理的重要环节。在幼儿园实际工作中，很多教师存在重活动设计与组织实施，而忽略了对幼儿饮食环节方面的教育培养的问题。通过定期培训，促进教师的理论提升，丰富教师的营养知识和经验，提高教师对膳食营养知识的认识和实践研究的操作能力，转变保教人员的思想意识，通过多种活动在一日三餐中帮助幼儿树立良好的饮食习惯和健康的饮食态度(如表 5-4 所示)。

表 5-4 幼儿园一日三餐，教师教育要点一览表

班级	进餐环节教育要点
小班	1. 鼓励幼儿参加餐前准备，引导幼儿进行简单的值日工作。 2. 播放轻音乐，营造良好的进餐氛围。 3. 教师向幼儿介绍饭菜名称、营养价值。利用积极的语言激发幼儿进餐愿望。 4. 进餐中关注幼儿正确坐姿、用勺方法。 5. 提醒幼儿进餐不说话、不打闹，细嚼慢咽，能做到主副食搭配、干稀搭配、荤素搭配，不挑食。 6. 根据幼儿食量，引导幼儿举手添饭。 7. 关注体弱儿、肥胖儿、生病幼儿合理进餐。 8. 餐后引导幼儿正确擦嘴，提示幼儿收拾整理桌面、送椅子、送餐具，培养其良好的行为习惯。 9. 指导幼儿正确漱口。

续表

班级	进餐环节教育要点
中班	1. 能在教师的指导下参与值日生工作。 2. 播放轻音乐，营造良好的进餐氛围。 3. 指导值日生向同伴介绍饭菜名称、营养价值。 4. 提醒幼儿安静进餐，细嚼慢咽，能做到主副食搭配、干稀搭配、荤素搭配，不挑食。 5. 关注幼儿食量，鼓励幼儿自主添饭。 6. 提醒幼儿做到“三净”：盘碗净、桌面净、嘴巴净。 7. 关注体弱儿、肥胖儿、生病幼儿合理进餐。 8. 在教师的引导下能主动收拾整理桌面、摆好小椅子，养成良好习惯。 9. 指导幼儿正确漱口、刷牙。
大班	1. 在教师的指导下主动参与值日生工作，能按顺序摆放餐具。 2. 有目的、有计划地播放轻音乐，营造良好的进餐氛围。 3. 指导值日生向同伴介绍饭菜名称、营养价值。 4. 提醒幼儿安静进餐，细嚼慢咽，能做到主副食搭配、干稀搭配、荤素搭配，不挑食。 5. 指导幼儿自主添饭、添菜。 6. 提醒幼儿做到“三净”：盘碗净、桌面净、嘴巴净。 7. 关注体弱儿、肥胖儿、生病幼儿合理进餐。 8. 关注幼儿是否主动收拾整理桌面、摆好小椅子，按顺序送餐具，养成良好习惯。 9. 指导幼儿正确漱口、刷牙。

(三)家园合作，推进家庭饮食教育的健康发展

日本是世界上第一个提出食育的国家，并将食育以法律形式颁布。[①] 如今，食育已经成为学前教育体系中重要的组成部分。日本不仅重视幼儿园食育，同样重视家长在养育过程中的食育。家庭是幼儿园课程实施过程中关键的校外力量，家长的支持不可或缺。幼儿园与家庭、社区之间的协同合作是实现高质量育儿的有效途径。通过家园合作争取家长的理解、支持和主动参与，并积极支持、帮助家长提高教育能力，真正做到家园同步、家园共管的模式。

① 李浩：《幼儿食育》，北京：北京知识产权出版社，2020年版。

【案例 5-17】

我想喝饮料

当今社会不断发展，家长越来越重视幼儿知识能力的培养，对孩子生活习惯关注不够，爸爸妈妈，特别是爷爷奶奶溺爱现象十分严重，小朋友在家里，享受着“小公主”“小皇帝”般的待遇。正是这种入园前的溺爱，使很多小朋友养成了挑食、厌食、偏食以及边吃边玩的不良进餐习惯。

新学期开学第一天，一名正处于分离焦虑期的肉乎乎的小班幼儿坐在餐桌前边哭边说：“我想喝饮料，我想喝饮料”，老师走过去耐心地安抚、劝导幼儿，幼儿仍旧边哭边说：“我想喝饮料，我想喝饮料。”经过老师的劝解，孩子才勉强吃了几口老师喂的饭菜。

经过与家长交流了解到，幼儿 2 岁左右开始就非常喜欢喝饮料，每到吃饭时只要孩子要，家长就会给孩子喝一些果汁或者饮料，久而久之，孩子养成了不良的饮食习惯。了解到原因后，教师耐心为家长讲解了喝饮料对幼儿身体的危害以及健康饮食对幼儿身体健康的重要性。经过家园一段时间的配合教育，孩子终于改正了不良的饮食习惯。

（来源：北京市昌平区流村镇中心幼儿园　葛何）

1. 让幼儿参与种植活动

开展亲子种植活动，强化幼儿食育培养效果。“食育”已经成为幼儿教育中重点关注的焦点，为增强幼儿的食育培养效果，应结合实际情况合理开展种植体验活动，让幼儿在体验中更全面地了解食物的本质，如食物的营养结构、食材的生长特点等。特别是在农村地区，几乎每个幼儿家中都种植了蔬菜和水果，无论是幼儿园还是在家中，我们都建议家长让孩子体验播种、浇水、施肥、捉虫等活动。等到蔬菜、水果丰收之时，家长可以带领孩子一起采摘，让幼儿感受丰收的喜悦。在这个过程中，不仅可以锻炼孩子的身体，增进孩子对蔬菜、水果的认知，还可以培养幼儿对农作物的感情，使他们懂得珍惜粮食、尊重他人的劳动成果。城镇中的幼儿可以通过幼儿园自己的种植园，以及种植基地、农贸市场等形式了解食材生长特点、种类、营养价值等，激发幼儿对食物的兴趣。

2. 家长饮食的示范作用

培养孩子良好的饮食习惯是营养膳食充分的保障，幼儿园在培养幼儿良好饮食习惯的同时，要充分考虑家庭对幼儿饮食习惯养成的重要作用。通过对家长进行培训，鼓励家长规范就餐行为，倡导家长在进餐时以身作则，如：不挑食、不边玩手机边吃、不大声讲话等，为幼儿树立良好的榜样。针对幼儿的不良饮食行为不强迫或威胁，根据幼儿的心理，利用食物的颜色、香味和形态，引起幼儿对食物的兴趣。

3. 教师要引导家长正确指导幼儿饮食

当幼儿对某种食物有抵触情绪时，不能强迫和威胁幼儿进食，可以根据幼儿的年龄特点、心理特点，在食物的颜色、形状、味道、烹调上变换花样等激发幼儿对食物的兴趣。

4. 让家长参与幼儿园膳食管理

(1)请家长参与幼儿园厨师练兵活动，让家长更加直观地了解幼儿园的饮食情况、厨师的操作水平，同时给予幼儿园更多的有益经验。

(2)鼓励家长参与幼儿园食谱制定工作，每年向家长发放幼儿食谱征集表，请家长将幼儿在家爱吃的菜名、做法推荐给幼儿园，幼儿园采取投票方式选出适合幼儿的食谱，添加到园所膳食食谱中。

(3)通过公众号、橱窗等形式每周向家长告知幼儿园食谱，让家长了解幼儿每日的膳食情况，请家长为食谱的制定提出合理化建议。

幼儿园的膳食管理来不得一丝一毫的松懈，这不仅关系到每一个孩子的健康，更关乎着幼儿园的声誉和发展。幼儿园的管理者、教师、保健医、食堂的每一位员工，只有不断探索实践，不断总结反思，以合理的膳食搭配、严格规范的管理，扎扎实实做好食堂工作，才能更好地服务好幼儿园的全面工作。

【拓展阅读】

推荐图书：

中华人民共和国教育部制定：《幼儿园教育指导纲要(试行)》，北京师范大学出版社，2001年版。

中华人民共和国教育部制定：《3—6岁儿童学习与发展指南》，首都师范大学出版社，2012年版。

推荐理由：

这两本书是幼儿园教师的工作和行动指南，对幼儿的健康和安全都有明确的要求。

推荐图书：

中国营养学会编著：《中国居民膳食指南 2016》，人民卫生出版社，2016 年版。

孙晶丹：《吃得好，长得高》，江西科学技术出版社，2019 年版。

推荐理由：

这两本书是保健医制定食谱参考的理论性书目，在制定膳食食谱前应认真研读，掌握其中要点。

【本章小结】

幼儿园的任务是使幼儿体、智、德、美全面和谐发展。健康的身体是幼儿全面发展的物质基础，合理的营养是幼儿身体健康发展的必要保证。幼儿园只有做好膳食管理工作，才能保证幼儿获得足够的营养，促进幼儿身体健康成长。因此，幼儿园必须充分认识营养膳食的重要性，要根据幼儿的生理特点、生长发育规律和卫生原则，科学调配和组织幼儿的膳食，注重膳食安全及家园同步教育，多方面的努力才能使幼儿科学合理地摄入营养，保证幼儿身心健康全面地发展。

【讨论与思考】

1. 搭配食材时的注意事项是什么？
2. 不同季节选择食材的方法是什么？
3. 关于膳食管理中的安全工作还有哪些？
4. 如何通过膳食创新和教师、家长的引导，激发幼儿爱上进餐？

第六章　信息化管理

——不仅是设备和技术的变革

【本章要点】

- 了解信息化管理的特点；
- 感受信息化管理工作的重要价值，树立职业自信；
- 立足信息化管理工作内容，做好技术保障与技术支持，提高园所工作效率和服务质量。

【本章关键词】

信息化管理；技术保障；服务

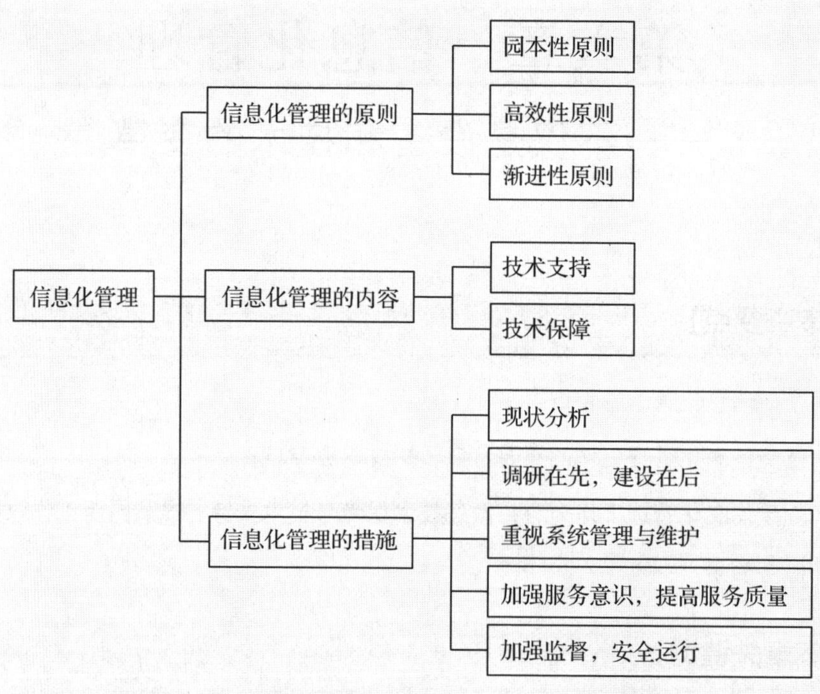
信息化管理
信息化管理的原则
园本性原则
高效性原则
渐进性原则
信息化管理的内容
技术支持
技术保障
信息化管理的措施
现状分析
调研在先，建设在后
重视系统管理与维护
加强服务意识，提高服务质量
加强监督，安全运行

随着信息技术的不断发展，信息技术的运用呈现出了越来越广泛的趋势，我们的生活已经离不开信息化。幼儿园的信息化管理，有助于提高幼儿园的服务质量，也有利于办公效率的提升。要发挥各个园所自身的优势，根据教师们、家长们、幼儿们的需求，建立科学、合理的信息化管理，可以起到事半功倍的效果，也达到了信息的互通、互联。

信息化管理，需要技术支持和技术保障，更需要后勤人员(电教人员、安全管理人员、采购人员等)的辅助，共同为幼儿的快乐健康成长而努力。

第一节　信息化管理的原则

一、园本性原则

信息化管理要以各个园所为依托，充分考虑到每个园所的特点，设定符合自身园所特质的信息化管理模式和内容。不要盲目地追求技术优、设备新、管理模式好，关键还在于应用，要形成符合实际需要的园本信息化管理。在运用信息化设备和建立信息化管理平台的时候，首先要考虑到本园教师的需求和他们的信息化水平，以及各岗位人员的真实想法，可以学习和借鉴其他园所的优势和他们有价值的部分，弥补自己的不足，但一定要适用于自己园所的实践和应用，否则就没有应用的意义。

【案例 6-1】

具有园所特色的分级管理系统

我园现处于一园三址的管理模式，在幼儿园日常管理中，园长不能一目了然地了解三个园区每天的具体情况，是管理中的大问题。分级管理系统可以在日常管理中，起到汇总、核查、自动分类、提醒等功能。

一是：各园区主任通过手机操作，可以把每天园区老师及幼儿的出勤，以及本园区本周的重要工作都上报到系统中，园长可以通过系统的大屏，观看到每个园区的情况，并针对工作需要，进行适时的检查。

二是：幼儿园各园区的行政老师及保安老师，每天都有巡园的职责，可以通过手机上报个人的巡园时间到系统中，系统也会显示各园区当日巡园的老师姓名，并核查巡园的时间是否符合要求，以保证幼儿园的整体安全。

三是：分级管理系统针对食堂的安全管理进行了进一步的策划。一是给食堂安装了人脸识别系统，只有食堂人员才能通过人脸识别进入到食堂中，无关人员是无法随意进入的，这点就大大消除了非食堂人员随意出入的弊端。二是以往每日各班教师要在早饭后，到食堂登记当日幼儿来园数量，以及幼儿饮食上的特殊要求。分级管理系统，可以让老师们通过操作手机来上报幼儿来园数量，同时系统会自动筛选出，有饮食禁忌的幼儿姓名，提醒食堂人员在准备餐饮时要注意，大大提高了教师的工作效率，也为食堂人员制作饭菜带来了方便。

（来源：北京市丰台区芳庄第二幼儿园　何颖）

二、高效性原则

信息化管理可以达到优化资源、提高效率的作用。通过信息化管理，可以规范幼儿园各项工作流程，实现对幼儿园信息统一的管理，让幼儿园办公和管理决策稳定、高效地运行。信息化管理的运用，使数据收集整理、统计分析等都更为便捷，节约了时间，还能有效地节约人力、物力。

【案例 6-2】

利用信息化平台记录考勤

幼儿的考勤和教师的考勤，园所一直采用的是纸质版记录，幼儿考勤由班级老师每日记录，教师的考勤由专门负责的教师进行记录。谁来了就在纸质考勤表上画上对钩，没来的需要标明病假、事假。月底负责老师将纸质记录交给会计，作为幼儿托费和教师工资发放的重要依据。

有一次，一位家长认为幼儿托费数不正确，来找会计。会计拿出班级考勤进行核对，根据没来的天数进行计算发现没有问题。家长又去找班中教师核对，教师说自己就是按照每天的出勤进行记录的，后来又去调打卡机记录、查监控，最终发现有一天孩子来晚了，又没带卡，说晚上接的时候补打，结果忘了，所以就出现了这一天的出入。

这次事件后我们为了更高效准确地进行考勤记录，调整为利用信息化平台，家长在平台上请假，并清楚注明请假原因，特别是病假，要注明体温及是否就医。这样每月的考勤就很清楚，家长心里有数，老师也不用再一一跟家长详细了解，手机上可以看到当日请假人员名单及原因，保健医也可以以此对生病的幼儿进行持续追踪。这样一来节省了考勤纸质登记的时间和纸张的使用，充分体现了信息化的高效性优势。

（来源：北京市丰台区芳庄第二幼儿园　贾华）

三、渐进性原则

信息化管理是一个循序渐进的过程，不可能一下就到位，需要不断地完善、提升。在实行信息化管理的过程中，会不断根据遇到的问题进行调整，使其更好地为园所服务。随着新技术、新设备的出现，信息化的管理模式、方法、手段也会不断改进，从简单到复杂，从单一到整体，逐步走向更具科学性、全面化、高效化，也更具有园本特色。

【案例 6-3】

教师信息化学习平台的建立

因为疫情，教师们不能到园，可是学习和工作的脚步却并未停止。我们充分利用信息化的平台，开展了丰富多彩的活动。起初，电教老师根据园领导的要求，将一些优质的实录课视频、课件放到平台上供大家学习，后台还会统计教师们的学习时长和参与讨论次数，园领导会根据这些数据给教师们记录园本学习的分数。后来，园领导发现这些学习过于理论化，没有教师的实际参与，难以提高教师的专业素养。于是，经过教师们的线上视频会议学习，设计了疫情下的活动课程，制作了微课，但是每位老师上传的微课格式差异较大。于是电教人员根据每次比赛的要求给大家做了培训，对制作微课的方法、格式、画面的效果等进行了统一要求，最后将这些材料整理好再放到平台上进行共享。但是有的教师反映自己的文件太大了，传不上去，还有的反映为什么只能看见自己的评论，看不见其他人的，无法给他人做回复，电教人员针对出现的问题进行了修改和调整。另外，电教人员还规划设计了更多的栏目，目前还在不断添加中，比如增加电子书籍阅览等，以满足教师们的新需求。

平台需要在使用的过程中不断更新，不断完善，发现问题，及时调整，通过不断地改进而越来越好。

（来源：北京市丰台区芳庄第二幼儿园　贾华）

第二节　信息化管理的内容

一、技术支持

(一)健康安全的园区环境

园所信息化环境包括硬件环境与软件环境，加强软、硬件环境建设，不仅能够增强教学效果，还能推动资源共享、家园联合，实现幼儿教育的现代化、信息化。

1. 人脸识别

教职工门禁系统管理。瞬间识别教师面部特征，进行后台班级分类统计，记录教职工的出入情况。通过人脸识别，对教职工出入进行管理，进行数据统计，同时也进行时间的记录，监督教职工不迟到、不缺勤、不早退。

2. 刷卡系统

幼儿园设有刷卡机，每名幼儿配有接送卡，幼儿入园时将卡对准机器上的扫码位置，进行刷卡，后台会对幼儿的出勤进行记录。接送卡和父母的手机号是绑定的，入园后父母的手机上就会有显示，告知家长幼儿是否安全进园。离园时家长可以通过扫卡系统获得幼儿园的认证，然后就可以顺利地将幼儿接走，方便保安人员和教师进行核实，也确保幼儿安全离园。

【案例6-4】

“刷卡系统”是老师的好帮手

在幼儿园使用智能刷卡系统，有利于加强对幼儿及教师的管理，提高管理效率，增加管理准确性，提升幼儿园的安全性。幼儿园刷卡系统一般包括两项最主要的功能：一是对幼儿的管理，二是对教师的管理。

首先来看对幼儿的管理，通过刷卡系统，幼儿进入幼儿园时，通过刷接送卡，能够及时对入园人员进行智能识别和信息登记管理。同时，通过刷卡，可以及时在信息管理系统中登记幼儿情况，刷卡机上会显示出幼儿名字、班级、日期、时间等信息。同时，智能终端自带摄像头自动拍下刷卡者(接送者)在刷卡瞬间的照片，作为日后查询接送者的图像记录。如刷卡为非法卡，系统则会进行警告，同时摄像头自动拍下刷卡者(接送者)在刷卡瞬间的照片。管理员听到非法卡的提示音，应及时阻止其入园，并详细询问或同幼儿家长取得联系加以确认。通过入园刷卡，管理者能够很好地管理各班级的幼儿来园情况，包括来园幼儿数量、幼儿缺勤情况等。通过离园刷卡，可以及时统计幼儿离园情况、家长接园信息，提高幼儿离园的安全管理。

总之，刷卡系统对幼儿管理来说有以下作用：明确了幼儿园与家长关于幼儿接送、管理的界线，避免因幼儿误抱、非法抱走及离园后发生事件，影响幼儿园声誉及相关不必要的“连带责任”；减轻园长或教师工作量，对幼儿到园、离园状态做到实时心中有数，并实施科学系统管理。

（来源：北京市丰台区芳庄第二幼儿园　靳亚娜）

3. 体温测量

每名幼儿和教师在进入园所时，都会用耳温枪进行体温测量，如果体温超过 37.5℃，会进行二次测量，如果还是异常，再用体温表进行测量。如果三次都未合格，就无法入园，需要回家休养三天。

如果教师和幼儿因事或病无法来园，就要在系统上进行请假，并注明请假原因，这样就能清楚了解师幼情况。同时，要进行体温登记，便于对病情的追踪记录。

4. 手部消毒

入园处设置手部消毒的仪器，每名幼儿和教师在入园时都要进行消毒，加强对自身健康的防护，也避免细菌病毒的传播。

5. 监控设备

幼儿园全方位安装了视频监控系统，做到了监控无死角，每天对监控系统进行检查，保证监控的正常运行。幼儿园的监控场景主要分为大门口、游乐园、园区周界、教室、食堂等重点区域。

(二)智能化的教学模式

1. 创设智能化环境

硬件环境涵盖各种教学设备、环境中的布局以及一切相关的内容，这些内容代表着一所幼儿园的信息化程度。

软件环境包括教学平台、教学工具和教学资源，这些直接关系着信息化环境的推进程度以及与幼儿的互动形式。

情感环境包括师幼互动、幼幼互动、教师幼儿与设备间的互动，这些互

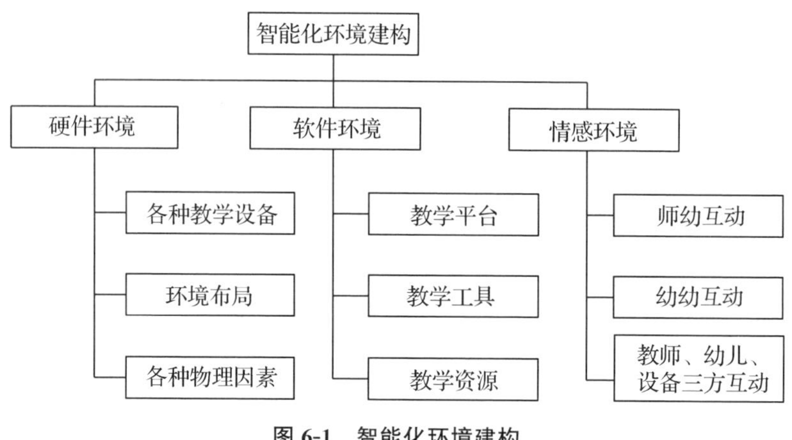

图 6-1　智能化环境建构

动的发生一定是经过幼儿和教师的内心的，在交互中引发情感与认知的提升（图 6-1）。

2. 智能化设备的管理与维护

（1）设备的管理

幼儿园的设备管理需要建立制度保障，做好记录，落实到人。针对园所各种信息化教学设备，制定相应的制度，保障安全使用，有专门的人员负责，设备不能拿出园所，不能私自使用。每学期初，教师可以去领取自己班级和个人所需要的设备，如笔记本电脑、iPad 等，并做好信息的电子登记，每个设备都标好使用方，由个人或班级做好应用与管理，学期末，将设备收回、整理入库，开学后再发放。

班级的大型设备，如一体机、电脑、打印机等，每学期末都会有专人检查，并针对出现的问题进行维修。一旦发现问题，如果是故意损坏，将按照制度规定的金额进行赔偿。

（2）设备的维护

信息技术人员定期对设备进行升级或更新，在使用期间出现问题要及时上报。建立信息设备管理群，老师们可以将问题发到群里，信息技术人员会一对一指导或亲自来维护或维修。

3. 智能化软件环境建设及管理

建立教学平台可利用数字化平台的优势，开展有效的教学、教研活动，促进教师队伍的专业化成长，满足不同教师的需求、兴趣，对教师实行分层分类教研、管理，电教人员要做好平台的资料上传、维护、问题解答、丰富内容等工作。

(1)多种学习方式

数字化平台的使用不受时间、空间、地点、人数等的限制，只要有手机或电脑、网络就可以完成。平台上的模块会针对教师的不同层次、不同需求、不同兴趣来建立，教师可以自由选择学习的内容、学习的时间。课程有必修、有选修，按照规定的截止时间，教师完成要求的学时，方可得到学分，这也是对教师学习的一种监督。

(2)建立资源库，资源共享

建立资源库的初衷并不是为了把各种材料简单地堆积在一起，而是为了更新教育教学理念，提高教育教学质量，发挥其强大的服务功能。要根据园所实际情况和人才培养的需求改革教学的内容、方法、手段和考核方式，建成体现岗位技能要求、促进幼儿能力培养的优质精品课程。

①遵循实用性、规范性、实践性等原则

在建立过程中首先要考虑的就是实用性，建立的目的和意义在于应用，是为用而建的。不要单纯地追求资源的数量，要注重资源内容的价值，一定要能用起来，还要考虑到教师、幼儿用起来方便。

资源的建立要有一定的规范，便于整个管理以及资源本身的进一步完善。统一标准、格式，课例、课件、实录课等都有最大容量的限制。

资源库讲究实用，建立的内容一定要从实践中来。坚持为用而建，遵循以用促建的原则，资源一定要经过实践检验，好的保留，而且还要不断修改、完善。

②借助各种资源，丰富园本教学资源库

为教师提供教学资源，提升其课程及资源开发能力，促进教师教学能力提升。教师原有水平、教学经验不同，教师自身能力也不尽相同，面对这样的问题，我们建立资源库，将课例、课件、微课、实录课等相关素材整合到一起，丰实优质资源，让优质资源共享，切实满足教师课程设计和教学实施中的需求。让教师在使用这些新的素材和资源的过程中，更新理念，提升课程设计能力，提升资源整合能力，更好地服务于教学。

资源库的建设为教师搭建了一个崭新的学习环境，利用自建的资源，可以调动学习、教育教学和管理的积极性。通过教育教学活动，真正达到利用资源提升教育品质的目的。

【案例6-5】

如何录好一节课

都说作课教师是红花，我们电教老师是绿叶，事实确是如此，但是再好的红花也需要绿叶来提供养料。今天我就怎样录好一节课来与大家进行一下交流，以求共同进步，更好地发挥绿叶的功能。

一、熟悉课程，把握特点，了解活动和教案，掌握课程特点，这是录好课的基础

有人认为，录像课拍摄的好坏完全取决于执教教师，只要教师的执教水平高、备课认真，教学效果好，就一定能拍摄出高水平的优质录像课。拍摄者(电教教师)无须做太多准备，只需把作课教师的教学过程从头到尾录下来就行了。事实上就算作课教师的课上得再好，如果在录像片中不能全面反映出来，就不能说是一堂很好的录像课。比如声音听不清，景别不对，幼儿回答问题时看不见人等，而这也是一些录像课质量不高的重要原因。因此，这种认识是不全面的。一堂好的录像课需要作课教师和拍摄者双方的共同努力。录像课的根本任务是真实、客观地表现教师教学和幼儿上课的双边活动过程，反映教学的重点、难点。要完成这一任务，作课教师理所当然起着主导作用。然而要把教师的课堂教学过程变成课堂实录视频，还需要电教教师的再创作。也就是说，电教教师要根据所摄课堂教学的类型和课堂教学计划进行设备的匹配调试，充分利用摄像的各种操作技巧和摄像机本身的性能，把教师、幼儿在课堂中运用的时间、空间从视觉形象转化为画面，这就是再创作过程。因此，电教教师只有在课前同讲课教师认真研究设备、教材和教案的基础上，才有可能录制出高质量的录像课。

二、精心设计录像画面是摄制好课堂录像片的关键

课堂录像片要客观、真实地反映教学全过程。但录像课又不同于课堂教学的现场直观。课堂教学的现场可以直观同时看到师生的双边活动，也可以随意把目光转到课堂的任意一角。而课堂录像片则不同，课堂录像片的观摩者只能看到镜头可显示的画面，观摩者的眼光和思维只能随着镜头走。因此，镜头设计就显得非常重要。这就要求电教教师必须根据教学内容和教学过程的需要，很好地运用摄制技巧，使画面既能突出主体，又能强化重点、难点，达到比课堂直观更佳的效果。

画面设计要着重注意两个问题：

1. 合理安排教与学的活动画面。课堂教学是以教师为指导，幼儿为主体的教与学双边活动过程。在拍摄中必须体现二者的有机结合，恰如其分地反映教与学的双边活动情况。当然，课堂教学中教师处于引导地位，画面要系统、完整地反映教师教学的全过程，这是毫无疑义的。特别是教师的示范操作、课件等，不仅要突出表现，而且要保持连贯性和完整性。如果只拍教师，忽视幼儿操作、回答问题的活动，就不能体现教与学互相呼应的情况，也会影响录像片的客观效果。什么时候、在什么情况下反映幼儿听课，回答问题，小组活动的画面，要根据教学过程的需要而定，但须注意反映的幼儿活动与教师活动要有机联系，互相呼应的同时也要注意不要因为反映幼儿活动而影响教师的一些重要动作的连续性和完整性。

2. 恰当设置机位，正确使用场景。摄影常用的场景分别有远景、中景、近景和特写。从课堂实况录像来看，拍摄作课教师讲课使用较多的是近景和中近景，这是因为课堂录像观摩者最关注的是课堂教学内容和教学效果。近景的好处是既能看清教师讲课的表情，又能看清大屏课件；中近景的好处是能最大限度地展示教学活动中的全部内容。双机拍摄时，两部机设在教室同一侧的一前一后。后面的摄像机作为主机，一般保持近景，以一体机大屏为背景，以拍摄作课教师为主要对象，记录教师在教学过程中的讲授、课件和示范操作等教学活动，必要时也可以特写表现教师的情感或神态，或表现较为重要的课件内容、教具的示范和微课视频演示等等。前台摄像机以幼儿为主要对象，反映幼儿学习过程中的听讲、讨论、回答问题等一系列活动。前台摄像机的景别变化较大，除保持中景，反映全部幼儿情况外，还要不时表现局部和个别幼儿的学习情况。

三、录课前需要沟通的几个具体问题

1. 服装问题：作课教师不要穿细条纹服装，摄像机拍摄细条纹的物品难以聚焦，条纹会变形。不要穿纯色的衣服，比如：纯红、纯黄、纯黑、纯白或与黑板颜色同色的衣服。

2. 站位和走动问题：教师讲课时，既要以讲台为活动中心，面向幼儿，处于正常的教学状态，又要照顾摄像机镜头的角度，尽量避免边走边讲的活动。幼儿起立回答时教师要注意站位，不能站在幼儿与拍摄机位连成一条线的中间，挡住幼儿；否则摄像机拍摄到的是教师的背面，没有幼儿。

四、录课中需要作课教师的密切配合

1. 同时开机，这有利于后面编辑课程时减少开头双机调对的工作量。

2. 录幼儿的副机位，在教师提问时，要观察教师的目光，一般教师提问时都会提前把目光看向被提问的幼儿，因此副机位可根据教师的目光提前把镜头指向被提问幼儿的方位。

3. 主副机位要相互观察，密切配合。例如，主机位录投影屏幕特写时，副机位要固定，以防出现双机同时摇动的现象；当教师挡住回答问题的幼儿，副机位没法录制时，主机位要及时把幼儿摄制进去。

以上所述是在实践中积累的点滴经验。只要我们精心做好拍摄前准备工作，熟悉教育教学规律，了解教材，提前知晓上课步骤，知晓作课教师的授课特点，并解决好拍摄过程中出现的一些细节问题，就能摄制出一节高水平、高质量的录像课。

同时，后期的剪辑处理环节也十分重要，需要注重实录课的片头、转场衔接、字幕、幼儿活动时的背景音乐、视频格式的选择等等。

（来源：北京市丰台区芳庄第二幼儿园　韩启龙）

（三）数字化的办公系统

幼儿园的管理工作涉及方方面面，且细碎复杂，从幼儿园的决策管理到幼儿的一日三餐都需要关注细节。比如，幼儿的学籍管理涉及幼儿的报到注册、信息录入、休学、停学、转园等；幼儿园的财务管理涉及幼儿的缴费、欠费明细和汇总情况；幼儿每日的晨检管理涉及信息统计、异常记录与跟踪等，以及幼儿饮食卫生管理、健康成长管理、幼儿园的师资管理、媒体宣传等，这些信息的统计与管理是每所幼儿园必须高度重视和认真对待的日常管理工作。在传统的管理模式下，这些管理工作需要耗费很多的人力和时间，且由于管理部门的不同，各种数据之间通常是隔离的、零散的，无法实现互通和共用。如果能够有效运用信息化管理模式，便可以系统地对各种数据进行统计、分析和管理，并且实现数据间的共享共用。总之，有效的信息化管理可为幼儿园调整管理方式、调配资源、突出工作重点等提供有力的支撑，从而促进幼儿园科学、稳定地发展。

园内管理人员要对各部门进行合理分工，并根据主系统设立出相关的分系统，促进信息化管理平台的高效运作。办公管理平台可以将园务管理、财务管理、卫生保健管理、档案资料管理、资产管理、学籍管理、人事管理与图书管理等事项整合起来，实现无纸化办公，将相关资料有效保存，方便教师查阅寻找，提升工作成效。

针对幼儿园的日常工作，幼儿园的管理者可自主选择并运用专业软件或平台进行管理。

1. 幼儿管理

(1)日常管理

保健医可将幼儿的各种信息录入相关系统，对幼儿的健康、饮食、发育等情况进行长期的记录和统计，便于教师、保健医等及时跟踪幼儿的成长和健康情况，尤其在传染病高发季节等特殊时段，借助数字化管理平台会更加便于幼儿园对幼儿的科学管理。家长还可以在系统中为幼儿请假，病事假、体温、天数等都可以进行记录，方便教师进行统计整理，教师可以随时查看幼儿出勤人数，保健医可以看到全园幼儿总的人数统计，以及缺勤原因，便于统计和汇报，也方便财务人员进行收费。

随着信息技术的不断深入，幼儿的健康情况也实现了信息化，让家长也可以随时随地掌握幼儿的健康情况。幼儿园在幼儿的健康管理系统中加入幼儿每日体温等情况，让家长可以随时通过特定的软件了解幼儿的健康问题，不用再实时地打电话询问教师，极大地减轻了教师的工作压力，缓解了教师和家长之间沟通的矛盾。

(2)计划疫苗

包括每名在园幼儿的注射疫苗情况，是否接种，接种的时间，接种疫苗的类型。如果有哪种疫苗未按时接种，会用彩色的线进行标注。疫苗注射后，保健医就会录入信息，进行记录，方便对全园幼儿接种疫苗的情况进行统计、分析，也能及时告知家长何时去打疫苗，避免漏打。

(3)卫生保健

包括幼儿体检、体质测试、测定分析、统计报表、体检体质报告、上报报告等内容。每年幼儿园会有两次大体检和一次体质测试，测试后，保健医可以将每个幼儿的信息进行记录。

系统中还有一项服药管理。如有幼儿将药带入幼儿园，保健医就会进行登记，系统会统计药物的名称、服用的剂量、时间和天数等，做到有据可查，有据可依，方便管理。

(4)膳食管理

膳食管理包括智能配餐、膳食计划、营养计算、膳食报表等。健康膳食对于幼儿十分重要，有了这个信息化的管理平台，保健医可以进行营养的配餐，满足幼儿的营养需求和膳食标准。同时，幼儿园会将幼儿每餐吃的食物，通过特定的软件分享给幼儿的父母，让幼儿的父母能够随时掌握幼儿的饮食问题。不论家长与幼儿相隔的距离有多远，都不会担心幼儿的饮食问题和营养问题。

【案例 6-6】

幼儿学籍管理

北京市学前教育综合管理系统(简称学籍网)是教育部研发创建并要求市教委管辖下所有教办、民办、普惠幼儿园使用的综合管理系统。它主要将幼儿园的办学条件、园所条件、建筑信息和财务信息等进行汇总。同时还有幼儿及家庭成员个人信息的采集与汇总，以及学籍号的生成，及幼儿在园情况的统计和幼儿正常离园、毕业离园、转入转出的记录等。

由于学前教育幼儿数据量大的特点，为提高系统的易用性，所有汇总报表数据都是采用预处理的汇总方式，即将制作好的采集表模板下发给家长，按照示例如实填写。各班老师将幼儿采集表按班为单位收集归总后，交给信息老师并由他负责上传导入系统并进行审核。审核通过的幼儿通过系统内的分班调班功能按照幼儿园实际班级配置进行调配。这样一来使得机构规模情况、教学班级数、班额整体情况、在园幼儿情况、留守儿童在园情况、进城务工随迁子女情况、幼儿异动情况、残疾儿童在园情况、户口性质幼儿流动情况、少数民族在园幼儿情况等就有了一个清晰明了的统计。

例如：本区户籍的幼儿数量、非本区幼儿数量、非京籍幼儿数量、幼儿园女生数量的查询，方便了保教工作和保健工作的开展。同时对幼儿信息查询和问题学籍情况也能进行提示和处理。

同时学前教育综合管理系统内的数据已和园所质量评估系统同步，直接关系到园所自评。学籍已经全国联网，一人一号，籍随人走，从小学到大学一直使用。幼儿园创建学籍，为小学的学籍做好准备。

（来源：北京市丰台区芳庄第二幼儿园　韩启龙）

2. 教师管理

(1)教师考勤管理

考勤机可选用刷卡机，全体教工可以在手机端实时查看全体考勤情况，做到考勤管理实时、透明，系统根据每天考勤数据自动生成考勤报表，做到考勤统计快捷、记录详细规范。园内考勤系统实现了考勤、统计与反馈自动化，保证管理的实时性。

(2)教师信息管理

将教职工各项信息输入系统，就可以自动生成相关数据，管理者可根据需要在数据源的基础上进行各种统计、筛选、分类和汇总。在教职工管理方面，可根据不同职务、级别和岗位分别为教师建立档案，管理者可根据需要随时提取相关数据。教师出现变动时，可以随时进行调整，调入、调出、换岗等情况都清晰明了，为领导决策提供数据支持。

幼儿园的管理者可以有效地明确各部分资源的分配情况，适当做出调整，让更加专业的人才在更合适的岗位上更加高效地使用教学资源，为幼儿园创造更大的价值。此外，在人员的配置和角色的定位上，信息化的管理方式可以对幼儿园的职工整体素质进行分析，明确不同成员的工作岗位和工作任务，提高工作人员的效率，促进幼儿园的和谐发展。

3. 资产管理

幼儿园将资产管理的内容细化，包括：幼儿采购、教职工采购、订单管理、台账登记、入库管理、出库管理、盘库管理等，分别由各岗位的人员进行相应的信息录入、整理、汇总，公开、透明，大大提高了效率，数据统计与分析也更加专业。

【案例 6-7】

利用固定资产动态系统，合理做好物资采购

随着办学规模不断扩大，办学层次不断提高，各园区物资需求逐渐增长。但近年来办公经费也在不断缩减，这就产生了矛盾。

作为后勤人，如何规范物资采购管理，降低采购成本，提高经济效益，如何使物资采购做到科学、合理，提升保障能力，成为需要研究的问题。

制订合理的采购计划，是有效的方法。制订计划首要的一步，就是要充分了解已有物资现状，全面掌握现有物资的使用状态。这些都是可以通过固

定资产动态系统进行调取和统计。固定资产动态系统中，输入了园所现有资产的明细资料，采购时间、数量、价钱、使用部门、折旧钱数等，都一一记载，系统还设有多维度的查询功能，能查到物资的使用年限、使用状态。管理人员可以通过查询，统计出下一年度不能再使用的物资，进行合理的报废处理，之后再进行有目的的采购。这样采购有计划、有针对性，节约了采购资金。

（来源：北京市丰台区芳庄第二幼儿园　何颖）

4. 档案资料管理

为了做好档案资料管理，幼儿园可以建立数字化档案管理平台，方便各岗位人员将各种资料上传、收集、汇总，也便于归档管理。数字化档案管理大大节约了纸张，也有利于信息的查找，提高了管理的效率。

【案例 6-8】

档案资料信息化管理

每个学期建立一个电子档案柜，一级目录分为七个部分：党团工会、园所管理(行政)、队伍建设、保教工作、教科研工作、卫生保健工作、总务工作，各部门收集各自的档案材料进行上传。二级目录是各部门具体工作的分类，以保教工作为例，内容包括保教管理、保教实践、家园工作和社区早教。三级目录是更为具体和细化的分类，如保教实践里面包括幼儿发展目标与评价、班级学期计划和总结、班级主题计划、班级月计划、班级周计划、会议记录、学习故事(观察记录和教育笔记)、活动，教师们按照目录将相应的电子版内容进行上传，资料就可以归档，同时教师间还可以互相查看，方便交流学习。

（来源：北京市丰台区芳庄第二幼儿园　董祺）

【案例 6-9】

合理使用动态资产软件，加强固定资产的管理

在多年的实际工作中，我们发现使用动态资产软件，可以帮助我们解决资产管理中的诸多难题。使用动态资产软件，可以大大提高资产管理的科学化、精细化，节省了固定资产员的劳动强度，更加便于数据的查询及综合的分析。下面我就和大家分享一下，我们具体的解决办法。

一、建立和完善固定资产管理责任制

固定资产是保证幼儿园财务、后勤、教学等一系列工作能够正常开展的物质前提和基础，也是幼儿园服务社会、培养人才的一个重要保证，是衡量一所幼儿园教育教学质量好坏的综合评价因素之一。

按照惯例，对于固定资产的划分，可以大致分为六种类型，一是学校的房屋建筑以及周边的一些附属基础设施建设，这些都是外在可以明显看得出来的。二是专用设备，即学校针对某些教学专门配置的一些专用设备。三是通用设备，即学校用来日常进行沟通交流的设备。四是文物以及所展示陈列的物品，即学校接受社会各界捐赠所得到的大批物品。五是图书，即幼儿园进行分配，给予幼儿和老师的相关教学书籍。六是其他的一些没有在上述类型中提到的固定资产。

对于这些固定资产的管理，幼儿园应按照“统一领导，分级管理”的原则，建立园长、分管园长、幼儿园国有资产管理专门机构、各科室负责人和国有资产专兼职管理员等若干层次的责任制。一级管理好一级，一级带动一级。园长是单位的法定代表人，分管园长要协助园长负责管理国有资产的购置、使用和处置的审批，合理配置资产的存量，优化各类资产的结构。幼儿园国有资产管理专门机构，要按照职责和权限组织和管理全园国有资产的日常工作。科室负责人要对本科室占有和使用的国有资产负责，维护资产的安全完整，提高资产的使用效率。专兼职资产管理员要履行幼儿园制定的岗位职责，按照规定的程序办理资产的购置、使用、维护、报损、报废等的具体手续，并监督各科室资产管理情况。对房产、图书等其他实物资产，要实行两级管理和分类归口管理，即由幼儿园物资管理职能部门和具体使用科室共同管理，物资管理职能部门从宏观上进行指导和监督。

二、固定资产使用与维护

1. 各部门、班级领用固定资产时，要在责任卡及固定资产领用表上签字。借用固定资产时，也要详细登记借还情况，做到领用、借用固定资产手续完备。

2. 各部门、班级应根据责任书内容落实对固定资产的安全使用和保管。在使用过程中，要对固定资产进行养护和定期检查，确保完好，如有损坏要及时报损维修。

3. 资产保管员对于公共固定资产的使用要时常检查、清点。根据各部门固定资产的报损情况，及时安排人员维修。

4. 学校固定资产一般不对外出租或者出借，如有特殊情况确需出借的，应由出借单位提供借用申请，固定资产管理小组审批，园长签字后方能出借。借用方要按我园外借固定资产要求办好手续，收回时由财产保管员进行勘验，有损坏的要依据损坏程度进行赔偿。

三、固定资产的清查与整改

1. 幼儿园固定资产实行每学年盘点清查一次。对盘盈盘亏的固定资产及时查明原因，分清责任，按照规定追究责任。

2. 幼儿园每学期的财产清查工作先由各部门(班级)进行自查，再由幼儿园财产清查小组人员共同检查，根据检查情况进行整改后，再由清查小组进行复查。

3. 盘点清查工作要对固定资产实物及资产软件上的台账进行检查，做到账账、账表、账实一致，做到固定资产所有采购、入库、使用、报废程序的完整和手续的齐全。

4. 清查小组对于固定资产清查情况进行书面总结说明，根据当年出现的问题进行讨论，拟定出下学年的固定资产管理计划。

四、固定资产的报废工作

1. 对于无法使用的固定资产，资产保管员要统一进行登记，上报园长，进行报废处理。

2. 报废单要由资产管理员、总务处、幼儿园负责人共同签字，说明报废物品和原因，报区教委审核批准。批准后，资产员要及时在资产软件上进行处置操作，保证账物相符。

3. 报废物品处理后的回收资金，要及时入账。

五、固定资产的奖惩

1. 固定资产实行分层管理，层层落实责任制，出现问题层层追究责任。各部门固定资产管理人员对财产清查小组检查要极力配合，并对本部门定期进行自查，确保固定资产的完整性。

2. 由于管理人员管理不当遗失固定资产的，要赔偿遗失物品采购金额的50％；无法界定该物品由责任部门中的哪一个人遗失的，赔偿金额由责任部门中的双方共同承担。

3. 未经财产保管员以及园领导同意，私自将固定资产借给他人使用，并未办理相关手续的，如造成固定资产遗失或损坏，由该出借人负责赔偿。

（来源：北京市丰台区芳庄第二幼儿园　何颖）

传统的管理观念和管理模式对信息化管理的开展有着一定的影响。由于过去的很多年里，幼儿园的教育管理在部门的管理、划分和沟通、合作上都存在着一定的问题，直接导致行政部门、监管部门和一些设备管理和维修部门间缺少交流和合作，影响管理工作开展的效率和质量，这样很多信息资源就不能快速地实现共享，致使各个部门的工作错综复杂，不利于园所体系的建立和完善。

数字化办公系统，使教职工的工作流程更加规范，也方便对幼儿园各项信息的统一管理向无纸化管理目标前进，工作更加明确，条理更加清晰，工作效率也提高了。同时，幼儿园信息化管理保证了幼儿园办公和管理决策稳定、高效地运行，有利于幼儿园教育与管理目标的实现。

另外，幼儿园还要从整体上统筹不同工作领域所需的办公软件，使其相互之间打通数据壁垒，实现数据互通和资源共享，为园长等领导层的决策与管理提供科学依据。

二、技术保障

（一）幼儿发展成长档案

幼儿发展成长档案是伴随着幼儿的日常生活、学习、游戏、活动等而展开的，它记录幼儿3—6岁这一阶段的发展变化、成长轨迹，主要是用文字、照片、视频、作品、故事等方式进行幼儿成长经历、发展现状与个性特点等记录，汇总于档案中，引导家长关注幼儿的成长。

1. 注意的原则

（1）全面性、发展性

幼儿的发展是整体的、全面的，幼儿的身心发展特点和学习特点决定了幼儿教育必须是整体性的教育，促进幼儿的全面发展。因此，在记录时要涉及各领域内容，还要关注幼儿个性、情感、态度的发展，通过教师的观察记录、随笔，包含幼儿间的对话等等，真实记录幼儿的行为、表现。幼儿是发展中的个体，教师要注重以发展的眼光看待幼儿，注重呈现不同阶段的内容，体现幼儿的发展过程，在比较中发现幼儿的进步。

(2)突出个性

每个幼儿都是一个独立的个体，每个幼儿的成长档案都应该是独一无二的，是幼儿个体成长过程的记录。因此，在制作成长档案时要突出幼儿的个别差异。

①内容、版面设计、表现形式等方面具个性化特征。

②个性化的记录。每个幼儿的身心发展，虽然遵循一般的共性规律，但是又各有不同，存在个别差异。要真实地记录幼儿的发展与成长，并突出特点。

2. 记录与展示

采用手机、相机、摄像机等多媒体工具将幼儿的学习、生活、游戏等瞬间拍下；运用文字、照片、视频等记录幼儿的成长轨迹，并进行档案制作，形成富有个性的档案集。

【案例 6-10】

数据分析促幼儿健康成长

运用信息化的管理平台，可以对每名幼儿的身高、体重、视力以及体能测试的情况进行记录。每个学期，每个学年，系统都会根据数据统计，记录幼儿的成长变化，做到教师、家长心中有数。同时，系统会自动生成这个幼儿专属的体检体质报告，包括身高、体重、视力、牙齿等情况，还会有折线图分析，让家长清楚地看到身高、体重在同龄幼儿中的位置，以及肥胖儿、体弱儿的标注，可以指导教师针对指标不达标的幼儿开展合理有效的活动，也可以让家长更了解幼儿的成长情况，加强对幼儿身体的管理。体质报告里还会将幼儿体质测试的各项成绩进行展示，家长和教师能通过这些数据发现幼儿的优势与不足，同时还会对幼儿提出一定的合理化建议，对幼儿给以健康的指导。

（来源：北京市丰台区芳庄第二幼儿园　贾华）

(二)视频监控系统

1. 视频监控设施

(1)监控摄像机

针对不同地方的实际情况和需求安置不同类型的监控摄像机，比如在公共活动区需要安装球机，在楼道可以安装吸顶半球或者枪机，如果考虑到夜间监控或光线不足的地方，监控可以使用带红外灯的摄像机等。

(2)视频监控中心

监控中心建设包括电视墙显示系统、服务器及存储系统、监控管理软件。监控中心配备高性能的管理服务器并在其上安装监控服务器软件，可以对多级服务器、用户权限、视频录像回访和检索、报警联动等功能进行管理。

根据监控点数量情况和录像时间要求，可以在服务器上添加磁盘阵列或者硬盘扩展柜来进行海量存储。同时转发数据流，用来管理记录。

(3)用户权限安全

监控系统的整体架构通过多目录服务器来统一管理用户和监控设备的权限管理。系统的管理规则由用户自行定义，多目录服务器的管理模式可以保证系统内所有用户的权限管理统一，采用身份认证技术最常用的是使用者名称与密码或 Key 认证等方式。

对于整个系统的用户安全性，可以采用身份秘密认证系统对整个系统的用户进行整个认证。拥有统一的用户权限管理，每一级机构的用户只要在自己所属的监控中心开设账号、分配权限即可。以此设立用户权限(可细分为图像浏览、控制、语音等权限)。

(4)监控设备管理安全

统一的监控设备管理机制，所有前端监控的信息和权限由设备管理服务器管理，设备管理服务器的权限由目录服务器管理，形成一个统一管理的机制。所有的设备登录必须经过用户认证才能够实现。

2. 视频监控场所

(1)活动场所监控：将幼儿园网络视频监控系统安装在幼儿的活动场所，可以最直接地了解到幼儿的成长情况。同时，也可以注意到幼儿在玩耍过程中的安全问题。

(2)园区周边：使用全彩智能警戒摄像头进行全面覆盖，晚上输出彩色画面能看清更多的画面细节，支持区域入侵和越界侦测等功能。当夜晚有陌生人或者车辆进入提前设置的区域入侵界线后，警戒摄像头会进行声光报警，并支持管理者现场喊话功能，提高威慑力。

(3)教室是儿童和幼师学习的重要区域，在教室部署一套全景特写摄像头。该摄像头清晰度高，可以全景预览显示画面，既可以照看教室全景动态，同时又可以看清每个孩子的细节。

系统可以对监控点的实时场景进行录像，并将录像资料存储。利用该功能，幼儿园可以将幼儿的日常学习、生活等情况录制下来，进行一系列的分析，并制定出适合幼儿的教育方式，积极地开发其内在潜能，提高师资水平和教学质量。

(4)饮食安全一直是园所的重中之重，关乎每一个教职员工和幼儿的安全。在食堂部署一套防油污摄像头，防油污摄像头可以针对大量的蒸汽和油污的环境特点，采用独家专利设计的可拆卸面罩，使得摄像头具备 IP66 防护等级，同时做到面罩可无工具便拆卸，便于清洗维护。这套防油污摄像头可全面监控食堂配菜和烧菜的整个过程，真正做到食堂食物生产加工过程的可视、可感、可知。

(5)户外区域是幼儿嬉闹玩耍的地方，也是需要监护的重点区域。在户外区域部署智能警戒摄像头，防止幼儿进入其他危险区域，比如幼儿攀爬围墙，一旦进入提前设置的区域，智能摄像头直接声光报警，提示幼儿注意安全。

通过幼儿园网络视频监控系统，园所可以将实时的情况进行录像并保存，可用以真实再现孩子的学习、成长历程。

此外，幼儿园的安全管理系统除了对进出园所的人员进行排查之外，也能够通过园所的安全监控系统，及时地发现园内的安全隐患问题，有助于园所的安全管理人员对安全问题及时进行解决。

【案例 6-11】

“视频监控系统”让时间回溯

视频监控系统能够实时记录幼儿园内的各种视频信息，并进行信息的存储，在幼儿园安装使用视频监控系统是十分必要的。

第一，安装视频监控系统有利于进行全程视频信息的录制和存储。通过视频信息的录制存储，能够对幼儿园教学工作中的各种现实情况进行及时记录。这一方面有利于加强对幼儿教师行为的规范，避免教师违反师德行为的出现，对于防止极个别幼教老师有意或无意伤害幼儿的情况进行客观记录。另一方面，由于幼儿年龄较小，对自己周边发生的事往往无法准确客观描述，当发生危险如幼儿吞下异物时，可以及时调阅录像查询其吞下的是何种异物，从而有针对性地进行治疗处理。

第二，安装视频监控系统有利于提高幼儿园的安全性。由于监控系统多是无死角、全天候进行录制的，因此能够让管理者及时对幼儿园的各个角落进行监视管理。可以及时发现各种安全隐患，如设备设施可能发生的坠落隐患。外来陌生人的突然闯入，幼儿正在进行的危险活动等等，并根据监控信息进行干预处理，防止产生实质性的危害。

第三，安装视频监控系统也更加有利于保护幼儿的安全。有了全天候的视频监控系统，幼儿从来园到离园的整个过程都能够被监控记录。在幼儿园期间，幼儿的各种活动和幼儿教师与幼儿互动的各个环节都被记录了下来，特别是幼儿离园的情况也被监控记录了下来，能够很好地保护幼儿的安全，特别是避免被陌生人接走，或趁乱独自离园情况的出现。

第四，视频监控系统也有利于幼儿园的规范管理。管理者可以实时查看各班级教学活动的进行情况，对需要干预的内容进行及时指导干预。此外，幼儿园的后勤管理如食堂食品安全管理、仓库安全管理、设施设备的管理等，有了视频监控系统就更加有据可查，并对相关被管理者具有一定的督促制约作用。

（来源：北京市丰台区芳庄第二幼儿园　靳亚娜）

(三)家园共育互动平台

幼儿园和家长是家园共育的两大重要组成部分，随着互联网的普及和应用，幼儿园建立以平台共享、网络互通、信息联动为特点的科学家园共育新模式。

1. 依托信息技术，开展家园共育

信息传递及时、高效；信息沟通便捷、有效；信息传播互通、共享。

2. 发挥网络优势，开展多层次、多样化的家园共育活动

家园共育是目前幼儿园信息化建设不可缺少的环节。家园共育系统的建立，有助于加强教师与家长的沟通，从而共同保障幼儿的健康成长。幼儿园应充分发挥网络信息速度快、容量大的优势，加强幼儿园的网络建设，设立卫生保健、营养膳食、教育教学等专栏，介绍和宣传相关幼教知识，并实时更新幼儿在园的活动照片、视频，围绕家长最为关注的问题，通过网络进行沟通互动，提高家长对幼儿园的认可度，从而形成家园合力，共同促进幼儿健康、快乐地成长。

3. 利用微信密切家园联系

(1)支持多人加入，具有分享、共享的功能

微信提供的沟通交流环境，让家长和教师能随时保持一对一的沟通，实

时留言、信息分享。即使家长、教师很忙，无法及时回复，也能有信息的保留，避免事情的遗漏。适合家长之间，或者家长与教师之间分享各种资源，助力每一名幼儿健康成长。

(2)可以设置群组，满足不同需求的家长

微信具有传送的交互性，可以促进家园联系并且更有针对性。幼儿园可以建立各个班级群、家长委员会、爸爸妈妈讲故事、膳食管理委员会等不同的群组，便于幼儿园针对不同群体发布相应的消息，也便于成员之间的交流分享。

(3)可查看浏览信息情况，有助于信息的传递

教师可以在微信群里发布通知，家长阅读后会有显示，教师可以看到家长的关注情况。微信群里还有统计的功能，教师发布要统计的信息，家长们可以选择接龙的方式进行回答，系统会自动进行统计，方便教师查看信息的回复，了解家长作答情况。

4. 运用微信公众号，推动园所管理和家园有效互动

微信公众号有服务号和订阅号两种类型，其中服务号更适用于企业和社会组织，它提供方便高效的业务服务，也具备用户管理能力。幼儿园微信公众号一般选择订阅号，在申请成功后会形成专属微信号和二维码，家长、教师和其他人可以通过申请关注幼儿园微信平台。

微信公众号和网站一样，具有传播园所信息、与家长沟通交流的作用，公众号具有更大的传播效益，而且注册、申请都相对比较简单。它可以真实地记录着每一名教师和每一名幼儿的成长，以及园所的特色活动。它的价值还在于信息传播的及时性、广泛性、交互性。为了充分发挥这些功能，需要科学地进行规划，合理地应用。公众号可以分为园所文化(党、团、工会活动)、卫生保健、安全教育、家园互动、主题活动(园级、班级、节日等)、教师展示等板块。每个板块发布常规信息的同时，还展示幼儿园各种活动的精彩片段，保持公众号的新鲜、特色，让家长了解园所办学特色以及各种活动的开展，做好宣传的工作，也促进家园共育。

如果幼儿园不能给家长提供有价值的信息或服务，只是将它作为宣传工具，那慢慢地家长就不会再关注幼儿园公众号的内容，也就失去了公众号的价值。为了达到更好的效果，让家长满意，就要做到规范化、及时化、特色化。电教人员要根据幼儿园每个月的活动安排，及时收集图片和视频等素材，

做好文字编辑，美化版面设计，发布到位。发布内容要有专人负责审核，为公众号的发布把关，文字精练准确，图片适宜优美，版面美观，避免内容出现原则上、政治上的错误，领导要严格检查，并对幼儿园的各项活动安排有计划地进行宣传、展示。

幼儿园利用信息技术实现幼儿园的信息化管理，也有助于提高幼儿园的服务质量。幼儿园在教学过程中可以将幼儿的日常生活状况和重要的信息全部纳入幼儿园的信息管理系统中，让幼儿家长和幼儿园之间直接进行沟通和接触，提高工作效率，也间接地提高了幼儿园的服务质量。

信息化的发展，为幼儿园的发展带来了便利，不仅让幼儿园的管理和规划更科学，还从一定程度上对幼儿园的发展和稳定起到保障作用。在未来的日子里，幼儿园的发展应当始终与时代保持接轨，借助智能技术的力量，取得更大的发展。

第三节　信息化管理的措施

幼儿园利用信息技术实现对幼儿园的信息化管理，有助于提高幼儿园的服务质量和工作效率。要真正做到服务质量的提高和工作效率的提升，就要先明确信息化管理中目前存在的问题，针对这些问题做好相应的调整。

一、现状分析

(一)后勤人员的信息化程度不高，需要再提升

在幼儿园后勤工作中，各岗位的人员自身的专业能力、专项能力较强。但后勤人员年龄偏大，他们对于参加进一步培训的积极性不高，除了电教人员外，其他人员的信息化素养不高，园所对于信息化的管理也没有统一的组织制度保障。再有，他们对于信息化的研究还不够深入，各个岗位之间的信息化联系不够紧密。

(二)后勤人员服务意识还需要再加强

幼儿园的后勤工作是一项非常复杂的服务性工作，从幼儿园的安全管理、设备管理到幼儿管理，可真算是千头万绪。幼儿园后勤工作中，后勤人员服

务意识不强，只关注本职本岗工作，尤其在保教配合工作中还缺少主动性。

(三)电教教师与一线教师的沟通少，对真实需求了解不够深入

电教教师是辅助教学的人员，他们的工作是帮助老师更好地开展教学、促进幼儿健康成长、做好家园共育，为此，不能离开一线教师而片面工作。否则无法形成一致性，还会造成实际与需求不符的现象。

(四)后勤人员对信息的管理和维护有时不够及时

有了信息化的管理，可以促进园所质量，提高服务效率。但如果管理的质量不高，更新慢、设备旧、维护跟不上，效果就会大打折扣。如果出现问题，没有及时解决，还会造成更大的问题。如安全设备维护不及时，出了事故就无法查看监控，监控系统就没有起到应有的作用。

二、调研在先，建设在后

在建立信息化管理系统之前，一定要对园所的情况进行调研，不能盲目地去购置设备。要思考这些设备是否是教师需要的，是否能促进教育教学的开展，信息化的管理是否满足各岗位人员的需求。在建设以前一定要做好沟通与调研，要为了用而建，不是为了建而建。

【案例 6-12】

按需购置设备

为了提高教育教学质量，幼儿园决定在活动区投放平板电脑，方便幼儿自主学习，同时满足他们个性化的学习方式。为此，每班购置 5 台平板电脑。有了平板电脑，小朋友查找资源、开展科学小实验、玩益智游戏都更加便捷了，幼儿参与活动的积极性和主动性也都增强了。一次，小朋友用平板电脑将他们组的科学小实验录了下来，想在活动后用班里电视的投屏功能进行投放，可是怎么也连不上。后来发现原来是班里的电视只能连 iOS 系统的设备，还好老师的手机可以操作。孩子把视频发给老师后，又用老师的手机进行了分享。想一想，如果当时在购置平板电脑的时候，考虑到这一点，那么直接购置 iOS 系统的平板电脑，是不是就省去了很多麻烦。这就是没有前期调研造成的问题。

（来源：北京市丰台区芳庄第二幼儿园　董祺）

三、重视系统管理与维护

信息化管理系统不是一旦建立好就一劳永逸了，需要针对实际问题不断地进行调整、更新和完善。硬件设备也不是一成不变的，随着时间的推进，要不断地更新、升级，使其更完备。因此，要根据这些情况制订计划和规划，定期对它们进行改进。幼儿园可以建立维修群，班级设备、园所设备或网络平台等出现问题的时候，把消息发放在群里，电教人员第一时间就能看到信息，也就能及时进行修理和维护。

四、加强服务意识，提高服务质量

(一)思想上要有所转变

思想上不能有惯性，不能总是按照旧思想、旧方式去办事。有了信息化的管理，更要在思想上有所转变，在行动中有落实。

(二)加强自身的学习与培训

1. 积极参加园本培训，如师德教育、园所文化、政治学习等，并撰写学习体会。

2. 注重信息技术的培训，可以请专业人士进行培训，这样不仅对自己的工作，对平台的操作有了进一步的认识，而且也增强了责任感和自信心。严格考勤和考核制度，鼓励大家努力学习，提升信息化素养。

通过多种形式的学习，使信息化人员不断提升自己的专业技能，为保教工作服务、为幼儿服务、为家长服务。

(三)主动和一线教师沟通，做好配合

信息化人员的工作就是为了辅助教师更好地提升教学质量，促进幼儿健康发展，为此就要主动和一线教师多做沟通，了解他们的真实需求和存在的问题与困惑，做好配合。

随着信息技术水平的不断提升，信息化管理要更加科学、统一、高效，其也在不断改进，而这对于信息化人员的要求也越来越高，要求他们在提升专业素养的同时也要注重信息素养的提高。总之，信息化管理只有不断发展和完善，才能更好地为园所质量的提升服务。

五、加强监督，安全运行

为了促进信息化建设的健康发展，充分发挥信息化建设的功效，可安排专人负责网络的管理与维护，并制定严格的规章制度，不能传播违法和不健康的言论与信息，严禁浏览、登录不健康的网站，上班时间严禁上网聊天、购物等，做好病毒的检查和清理，保证网络的通畅、安全使用。

信息化不仅是时代发展的标志，同时也是教育事业实现深入改革的趋势。构建幼儿园信息化管理的各种系统和平台，有利于促进幼儿园的民主管理和民主决策，规范和完善幼儿园的各项规章制度，也提高了全体教职员工参与幼儿园管理的积极性。在幼儿园管理过程中，通过信息化的引入，促使幼儿园管理更加高效。幼儿园要充分重视信息化管理建设，加强幼儿园信息化建设水平，为幼儿教育提供重要的载体支撑，促进幼儿园实现更深、更长、更稳的多维度发展。在信息化管理的过程中，要不断反思、反馈，形成常态化的信息管理机制，并创建良好有序的氛围，不断提高管理人员的素质和专业水平，不断提高管理效能，使幼儿园管理更上一层楼。

【拓展阅读】

推荐图书：

朱清：《幼儿园信息化运用操作指导》，南京师范大学出版社，2020 年版。

推荐理由：

对幼儿园信息化做了概述说明，而且就数字化建设和管理机制具体解析，为幼儿园信息化工作提供相应的指导和建议。

【本章小结】

本章利用三节内容全面概述了信息化管理的特点、内容(技术支持、技术保障)。文中有一些管理的案例，通过这些来进一步说明在具体的事件上园所是如何利用信息化管理的，如刷卡系统、监控系统、固定资产管理，也有如何对教育教学做好服务的，如如何录好一节课，如何做好幼儿发展成长档案等，让后勤人员通过看这些典型案例引发共鸣。最后对信息化现状进行了分析，也提出了建议，使信息化管理更好地为园所服务。

【讨论与思考】

1. 你认为信息化管理工作的职业特点是什么?

2. 幼儿园管理办公数字化，可以通过哪些方面来体现?它的作用是什么?

3. 你认为现阶段信息化管理还存在哪些问题?怎样才能对幼儿园信息化进行有效的管理?

参考文献

[1]张燕，邢利娅．幼儿园组织与管理[M]．北京：北京师范大学出版社，2000.
[2]邢利娅．幼儿园管理[M]．北京：高等教育出版社，2009.
[3]陈珍国．学校安全管理[M]．上海：复旦大学出版社，2008.
[4]北京师范大学实验幼儿园．幼儿园后勤精细化管理[M]．北京：北京师范大学出版社，2015.
[5]柳敏拓，张晓峰，吴志樵．学校的精细化管理[M]．安徽：安徽人民出版社，2015.
[6]苏晖．幼儿园安全管理实用手册[M]．北京：中国农业出版社，2016.
[7]申桂红，苏婧．安全无小事：园长安全管理能力的提升[M]．北京：北京师范大学出版社，2017.
[8]陈南．学校环境管理的概念、方法及新思路[J]．环境教育，2002(5)：8—9.
[9]陈南．校园环境管理："绿色学校"发展新方向[J]．环境，2006(10)：74—76.
[10]陈南，曾红鹰，常向阳，等．学校环境管理及其实施策略[J]．中国现代教育装备，2009(10)：81—83.
[11]郭丽．建构主义理论对幼儿园环境创设的启示[J]．教育导刊(幼儿教育)，2004(Z1)：26—28.
[12]周玫慧．书香幼儿园的环境管理实践研究[J]．教育教学论坛，2020(3)：25—26.
[13]蔡建华．幼儿园环境管理的有效实施[J]．家长，2019(4)：75—76.
[14]徐晨．幼儿园环境建设与管理探讨[J]．科普童话，2017(14)：95.
[15]张淑娟．幼儿园优化环境管理新举措[J]．山东教育(幼教刊)，2006(Z3)：28—29.
[16]陈燕荣．浅谈托幼场所的园林绿化[J]．农业开发与装备，2014(10)：53.
[17]王绪池，郑佳珍．幼儿园总务管理[M]．重庆：重庆大学出版社，2013：119—125.
[18]北京市卫生局妇幼处．北京市托儿所、幼儿园卫生保健工作常规[R]．2016：64—78.
[19]谢美玲．江西省城市幼儿园卫生保健现状及对策研究[D]．南昌：江西师范大学，2015.
[20]中华人民共和国教育部．幼儿园教育指导纲要(试行)[M]．北京：北京师范大学出版社，2001.
[21]中华人民共和国教育部．3—6岁儿童学习与发展指南[M]．北京：首都师范大学出版社，2012.
[22]中国营养学会．中国居民膳食指南2016[M]．北京：人民卫生出版社，2016.
[23]黄珊．爱在小小舌尖：幼儿园营养美食[M]．北京：北京师范大学出版社，2017.

[24]北京妇幼保健院．北京市托幼机构卫生保健工作常规[A]. 北京：内部资料，2016.
[25]宋真真．用“五常法”促进幼儿园膳食管理[J]. 广西教育，2012(3)：95—96.
[26]李浩．幼儿食育[M]. 北京：北京知识产权出版社，2020.
[27]苏辉．幼儿园安全管理使用手册[M]. 北京：中国农业出版社，2016.
[28]何树宇，朱媛，邹永志．现代幼儿园经营管理[M]. 北京：新华出版社，2017.

后　　记

作为幼儿园教师分层分类分岗专业成长系列培训教材之一，本书正是基于幼儿园后勤管理不同岗位人员的需要而编著的。幼儿园后勤工作可谓：身处幕后、默默无闻、任劳任怨，很少得到鲜花和掌声，但在幼儿园的发展中却起着关键性作用，是幼儿园管理工作的重要组成部分。所以说幼儿园的后勤管理工作是一项非常复杂的服务性工作，其在幼儿的发展和成长过程中具有独特的教育价值。

全书分为六章：分别围绕各种管理的特点、内容和措施等方面，借助有代表性的典型工作案例，为后勤工作中不同岗位的老师排疑解惑，有效地帮助他们处理好遇到的各种问题。

感谢本书各章的作者及提供案例的老师们：

第一章“幼儿园后勤管理概述”，撰写者为北京市昌平区教师进修学校李莉；案例提供者为北京市昌平区流村镇中心幼儿园王爱丽，北京市昌平区南口镇中心幼儿园曹杨，北京市门头沟区教育研修学院冯艳飞，北京市昌平区马池口镇中心幼儿园张建平，北京市通州区幼儿园张海燕，北京市昌平区百善镇中心幼儿园王海云、陈思琪，北京市昌平区工业幼儿园李迎春、何欣，北京市大兴区第一幼儿园白淑新，北京市昌平区机关幼儿园李雪静、齐东明。

第二章“安全管理”，撰写及案例提供者为北京市昌平区南口镇中心幼儿园曹杨、孟丽娟、杨楠。

第三章“环境管理”，撰写者为北京市通州区幼儿园张海燕，案例提供者为北京市通州区幼儿园张海燕、黄长生。

第四章“卫生保健管理”，撰写者为北京市通州区幼儿园赵亚丽，案例提供者为赵亚丽、张乃会、李克难、贾明、裴佳星、韩霜、何柳，廊坊市直属机关第二幼儿园赵亚薇，北京市通州区牛堡屯中心幼儿园吴利利。

第五章“后勤膳食管理”，撰写者为北京市昌平区流村镇中心幼儿园王爱丽、北京市昌平区马池口镇中心幼儿园张建平，案例提供者为北京市昌平区流村镇中心幼儿园王爱丽、李媞、葛何，北京市通州区幼儿园张海燕。

第六章“信息化管理”，撰写者为北京市丰台区芳庄第二幼儿园孔震英、贾华，案例提供者为北京市丰台区芳庄第二幼儿园贾华、何颖、靳亚娜、董祺、韩启龙。

幼儿园后勤工作是为顺利完成幼儿园保教工作而服务的。既要强调管理，又要做好服务；既要满足教学、师幼生活的需要，也要考虑经费物资设备的经济效益和使用价值。后勤管理工作要靠各个岗位人员的支持、配合、努力才能完成，所以建立一支专业化的后勤管理队伍非常重要。他们同样需要具备幼儿教育管理方面的知识，树立基本的幼儿管理意识，在幼儿成长的过程中为其保驾护航，促进幼儿在健康、安全的环境中成长和发展。

随着时代的发展，目前幼儿园后勤管理工作中虽然要进一步加强管理，但更重要的是针对出现的各种问题如何能够采取恰当的方式解决好，所以合理处理好管理和治理的关系就尤为重要。

本书通过对后勤管理工作的梳理，挖掘工作中的代表性案例，使其成为后勤工作者的资源智库，帮助大家提升专业素养和解决问题的能力。我们深知自身思考与水平有局限，书中难免有不妥之处，敬请专家同人和广大读者提出宝贵的意见和建议。